生命情調的抉擇

劉述先著

臺灣學生書局印行

重印自序

這部書原來由志文出版社出版，為新潮叢書之一，初版在一九七四年，現在已經絕版。由於志文不打算再印這部書，故徵得主持人張清吉先生同意，由作者收回版權，改洽學生書局出版。

這部書基本上是原書的重印，僅改正錯字少許，內容並無改易。過去十年來中國的整個情勢有着戲劇性的變化。文革以後海外好多學者都忙着修正自己的見解，但我重新審閱舊著，感覺到無論我對中國文化的回顧與展望，都毋需作重大的修正，這是令我自己都不免感到驚異的。尤其「海外中華知識分子的文化認同與再造」一文發表於一九七二年中共進入聯合國之際，在當時曾經引起極大的爭議，許多人覺得我是不了解中國的情況而作出了錯誤的評斷。如今看來，似乎我比我的批評者更深刻地把握到了事實的本質，這是我樂於看到學生書局願意重印這部書的緣故。是為序。

劉述先

一九八五、三、五、於香港中文大學

自序

二十多年前共軍的炮火已經可以打到龍華飛機場，堂哥和我兩個不到二十歲的青年因偶而的機會得到了兩張機票而飛抵廣州。在炎熱的廣州足足等了兩個月，才等到了入境證。我們乘着海輪，排開洶湧的浪濤，終於安抵臺灣。這個陌生而美麗的寶島竟變成我渡過十五個寶貴的年頭的地方，也正是在這裏，我選擇了自己一生的道路。站在輪船的甲板上注視翻滾不已的海濤，那時縈繞在我少年的心靈不外乎兩個中心的問題：人生的意義與價值，以及中國未來的前途。我不知道人生究竟值不值得活下去？如果人生終究不值得活下去的話，那麼一切如火如荼的改革行動又算得什麼！如果人生的奮鬬確有意義，那麼眼看着古老的中國文化在那裏飽受煎熬，自己更是身受其苦，究竟要怎樣爲之尋覓一條健全的出路乃變成一個噬心的大問題。這使我走上了哲學的道路，沒有觀念主導的行動終只是無意義的盲目的行動，這使我下決心去開拓觀念與理想的世界。由讀書到教書，從此我站在同一個崗位上，二十來年如一日。

在從事哲學反省的過程中，我好像是走了一個整個的圓周。雖然由於家庭教育的關係，我對傳統的哲學理想從來沒有產生深切的反感。但是我被西方哲學所表現的觀念的豐富與新奇所吸引而迷醉在裏面。有一度我曾發願要把古往今來所有的大哲學系統都涉獵一遍而後抉擇自己的理想。這顯然是一個不切實際的想法，但是博覽載藉的結果，却使得我不能不關心哲學的大問題，而無法變成狹隘的專家。更弔詭的是，我終於轉回到中國哲學的理想找到了自己的安心立命之地，解答了人生的意義與價值的問題。這樣我的問題勢必轉爲中國哲學智慧的現代意義的問題：古老的中國文化與生命所蘊蓄的智慧如何才能與一個現代人發生關連？要用怎樣一種方式才能够將之翻譯成爲現代的語言而使它得到充分的表達？這裏又牽涉到另一個重大的問題即如何培養一種批評的眼光去簡擇什麼是傳統文化中活着與死去的成分。我們既需要傳承，也需要創新，絕不是要求盲目的復古，而是要努力追求一種新的綜合。同時一旦自己內心的理想眞正確立，就不能不接觸到低沉的現實問題。在這裏哲學家深深地感受到一種難以落實的痛苦，而以一種知其不可而爲的精神鍥而不舍地去推展散播自己的理想，並寄無窮的希望於人性以及人類的未來。

在本書中所收的文章大多數是在過去五年間在這樣的心境下寫成的作品而發表在臺港諸報章雜誌。它們一方面是談高遠的哲學理想，故討論純現實問題者不錄，另一方面却具備有一種迫切的感受，它們擔負的是一種文化的使命，故必出之以通論的方式，而專門性的學術論著不錄。由於這些文章既非寫成於一時，也不是爲了同一個目的，所以應該有幾句話來說明它們彼此之間的關連性。

我把「中國哲學的未來」選作第一篇，是因爲在這篇文章之內首先提出中國哲學究竟有沒有未來的問題，恰正是一個自然的起點。第二篇「中國史學與哲學的研究」提供了我對於研究中國傳統的一些意見。第三篇「儒家哲學的現代意義」可說對於這個問題提供了一個簡略的交代，儒家哲學雖然不足以窮盡中國哲學的內容，但畢竟可以代表傳統中國文化的骨幹。第四篇「儒家倫理哲學的現代意義」與第五篇「儒家宗敎哲學的現代意義」是我具體應用我自己所建議的研究中國哲學的方法與態度所得到的結果，係通過一種同情的了解去把握傳統儒家的倫理哲學與宗敎哲學的義理結構。這兩篇文章的學術氣氛比較濃厚些，可是我所關心的依然是它們的現代意義的問題。讀者或者會感覺到我過分偏重儒家，好像忽略了中國哲學的其他傳統的智慧。事實上我對於道家佛家都有相當的尊敬，只是我自己終究比較傾向於儒家，我的理由曾經簡要地陳述在十年前寫的一篇短文：「儒家生命情調的抉擇」之內，所以也把它收在這裏。一個人會多寫他自己喜歡而且相信的東西，大概該是一件可以原諒的事罷！旣然已經建立自己內心的哲學信仰，不免會反省到哲學與時代的一些問題並進一步接觸到理想與現實之間的許多糾結，於是有第七篇「哲學與時代」與第八篇「理想與現實」。第九篇談「海外中華知識分子的文化認同與再造」。這篇文章是在國際與中國形勢有戲劇性的巨大轉變的時候站在一個純知識分子的立場出來說話並表明個人的基本態度與看法的結果，它具體地說明了我對於理想與現實的見地。這乃是我在近年寫的通論性的文字份量比較重的一篇文章。雖然在這篇文章之中，還是有一些基本觀念只是被斷定，而沒有加以充分的分析與討論。但它確提供了一個全盤的看法，包含了我個人對於中國近代史，當前中國的形勢，以及理想人類社會的全面性的構想及判斷。這些頗可以代表我在現階段的思想。最後一篇「關於世界主義、民族主義、個人主義」可以當作理想與現實問題討論的餘論。在附錄之中，我簡述了凱薩林、李約瑟、與羅素對於中國的看法，所謂他山之石，可以攻玉，我們也不妨看看人家的見地。此中只凱薩林一文是節自我在十年前所寫「凱薩林論東方哲學智慧」一文，其餘兩篇則是晚近的作品。這便是全書的梗概。

近年來我頗措意於反省有關知識分子的問題，深深感覺到現代中國的知識分子上不在天，下不在田，委實有着一種難以言喻的痛苦。從一個觀點看，整個人生簡直完全無望。哲學家空談他的理想，而現實却不只沒有照着理想改善，反而變本加厲，越弄越糟，老的問題沒有解決，新的問題層出不窮，這一種的無望眞可以侵蝕人心，把一切高遠的理想統統拖垮。但在另一方面人是否眞的是這樣地無望呢？世界畢竟在變，如果能够跳出個人的立場，由全球的觀點來看，世界在某些方面也未始不是在向好的方面轉變。二次大戰結束以後存在主義哲學家雅斯柏斯的講演似乎陳義過高，完全沒有現實的基礎，事實上一直到今日他所提出的許多理想還是沒有實現的可能性。但在另一面他所用的許多哲學的辭語却已經在不知不覺間變成了報章雜誌上常用的辭語，也變成了我們日常生活的一部分。現代世界的改變與觀念的傳播是迅速的，許多五年十年前不能想像的事情會在轉瞬之間變成不再疑問的事實。而在這樣的變化的過程中，哲學者提供的理想也自貢獻了它的一分力量。在這裏哲學者決不可以委棄他自己的責任，必須永遠在努力作思想的開拓與觀念的傳播。世界上有人一生爲理想爲觀念的開啓而努力，這個世界的現狀尚且不過是這樣，如果世界上根本無人作這樣的努力，試想我們的世界將會變成怎麼樣。當然整個世界的改變決不是幾個哲學者所單獨能夠爲力的，只有通過行動人的努力才能促使這些理想在世界之內實現。在這裏我們只能籲求每一個個人站在他自己的崗位上努力不懈，才能給我們帶來一個比較美好的世界。

劉述先　一九七三、八、廿二

目次

附錄

第一部分

一、中國哲學的未來

看了這個題目，讀者不禁會懷疑，中國哲學還有未來麼？五四以來，中國的傳統價值被攻擊與被揚棄。用現代西方的科學、工業、經濟的觀點來衡量，中國是低度開發的國家。無怪乎中國自己的知識分子也在那裏倡導全盤西化。西化猶恐不及，還有什麼中國哲學可談。但是在這樣的情形下，還是有少數人超乎時流之外，努力企求闡明並再組傳統的精神價值。而有趣的是，當前民主科學最先進的西方國家，特別是年青的一代，很有一些人返回到東方來尋求古老的東方的智慧。這似乎是一個不可解的現象，這時代也實在是一個充滿了混亂與弔詭的時代。試問深受西方衝擊却又身爲中國知識分子的我們究將何以自處？

我想先從我少年時期的一件事說起，那時我頗醉心於巴金的作品。有一天我正在讀《激流》中覺民痛斥他那些不成形的叔父的一段，感到痛快淋漓，不覺大笑出聲。先父聽到，了解原委以後，只輕描淡寫地說了一句：「巴金宣揚的只是一些很淺薄的東西。」我一方面覺得很不以爲然，另一方面卻又莫名地感到赧然。二十多年來，我一直就在這兩套互相衝突的價值系統間翻騰。終於我察覺到，這並不是一個單純的孰對孰錯的問題。現代青年人批評傳統末流的腐朽、無能、墮落、僞善、阻撓進步無疑地是對的。然而傳統末流的弊端不能够即歸咎於我國優良的精神文化傳統，正猶如耶穌基督本人不能爲賣贖罪券的敗類的行爲負責，其情形是一樣的。傳統有其限制，這是顯而易見的，此所以我們當努力改造我們的傳統。但是以爲傳統一無是處的態度是過當的。傳統有一些有價值的精神消息必須我們現代中國人加以護持才能够延續下去。有趣的是，少年時每在暑假或閑暇時刻，家父就促我背誦四書，並給我講解章句，當時覺得厭煩萬分，如今在異域忝列教職，日以傳達中國文化的精神價值爲事，不能不說是一大弔詭。

以下我要略談某一些對於傳統的不公平的譴責，並試圖指出傳統之中有價值的成分是什麼，它的限制又是什麼，了乎此，則我們乃可以對傳統的價值與現代的價值作理性的抉擇與取捨。

先說共黨對於傳統的批評，在傳統的三教之中，就共黨的觀點看來，儒家係代表當權派如官僚地主階級的利益，道佛二氏則供給人民以精神方面的鴉片，教人們逆來順受，失去反抗的決心與意志。故此廣大的人民必須覺醒自己的階級意識，從事階級鬭爭，才能够爭取並保障無產階級的利益。從共黨的觀點着眼，儒家的宣揚德性，佛道二氏的高談空無的玄理，都是有產階級用以宰制並剝削無產階級的工具，所以必須加以排棄。「厚今薄古」，這是大陸上流行的口號，也是其指導性的原則，但共黨在大陸上奪權的成功，並不證明其哲理的正確。我決不否認傳統之中有唯私利是圖的墮落之輩，但卻不能以此以概其餘。馬克斯一派以經濟爲最基本的決定因素，這本身即是一偏頗的見地。馬克斯認爲現代勞工之所以疏離是由於勞力與收成之互相割離，工人變成了生產機括的一部分，根本失去了人的價值與尊嚴。只有在革命之後消除了階級的分別，社會的不平全部剷除，人們才可以過幸福的生活。馬克斯對現代社會病態的分析頗有其眞知灼見，但他沒有看到，人之所以疏離，還有其更深刻的原因在焉，即使人們的物質生活普遍提高，外在的剝削加以剷除，這並不能夠保證人能克服自己內在的疏離。如果人的意識層面不加以改變與提升的話，任何外在制度的改變也不足以解決人類的問題，新的剝削階級必然應時而起。馬克斯本人未及親見現代極權政治的禍害，但歐美新一代的馬克斯主義者已競以俄式史太林主義的恐怖爲戒。但馬克斯本人的哲學並未能防範「新階級」的興起，因而他的烏托邦只是一種浪漫的幻想，沒有在現實上實現的依據。故此人必須在對治外在的疏離以外，同時努力對治內在的疏離。就這一方面來說，中國傳統的三教實有其不朽的貢獻。道佛二氏所希望的是能夠澈底克服人性的弱點，不再以利欲的追求爲生命的旨歸。儒家所重視的也正是「變化氣質」到了所謂「廓然大公，物來順應」境地，豈還以個人或階級的利益爲事。傳統自可以產生敗類或者鄉愿之輩，但我們不能因傳統有流弊就連傳統的眞知灼見處也都一筆加以抹煞。事實上馬克斯主義也自有其流弊，其遺害乃至可以更大於傳統之遺害，而所謂的「階級意識」「階級鬪爭」皆是不諦之論。歷史上從來沒有純粹的無產階級的革命。領導革命的往往是出身中產階級或小資產階級的知識分子或行動人，我們所需要的不是階級鬪爭，而是結合所有進步的力量與反動的力量戰鬪。

對於傳統的不公平的譴責的駁斥，並不證明傳統就沒有缺陷，不可加以合理的批評。以政治制度來說，傳統實無法解決繼承的問題。在朝廷政治家天下的規模之下，如有明君統治，這是百姓之福。但如昏君當道，除了流血革命改朝換代之外，即別無良策。以此，現代民主政治雖不必是最有效率的政治制度，却是可以避免獨夫專制肆虐天下的制度。傳統儒家有民本的精神，而未開出民主的制度，此是其限制。但吸納西方的民主制度，這不是單純的對於傳統的否定，而實在是對於傳統的修正與發揚光大。傳統對於純知以及科學方面的追求也嫌不足，民性趨於保守，缺少進取的精神。與西方接觸的結果才發覺似乎無用的純知的追求反而造成了「利用厚生」的效果。而三百年來科學工業方面的落後使中國幾淪爲次殖民地的悲慘境地。在這樣的情形之下，民族的自尊心受到致命的打擊，對於傳統乃產生一種純否定的態度，而這樣的態度竟決定了中國近代的現實命運，今日的大陸實爲此一發展的邏輯的結果。但如能暫時超脫現實的利害虛心平氣地檢討，我們便會發現，媚外的態度誠然可恥，仇外的心理也一樣地不健全，二者同樣是我們的自卑感的表現。只有我們能平情地看傳統以及西方的優點與缺點，我們才能夠超越這樣的自卑心理的宰制，而得到比較公平的論斷。

前文我們已經指出傳統的一些優點與缺陷，如今我們更由另一個觀點來申論我們的見地。「他山之石，可以攻玉」，讓我們看看當前西方最富强的美國的年青一代的反應，他們如何批評他們現行的價値系統，或者可以對我們當前討論的問題多少有所啓發。美國無疑是一個經濟中心的社會，重金錢、物質享受、事業上的成功、不斷地創新、以及高度地競爭與戡天役物的精神。現在接受這種價値的青年人自不在少數，但令人震驚的是，就在近幾年間突然湧現了一羣又一羣的反叛者。他們認爲金錢與成功與舒服的物質生活並不是最重要的東西，個人應該做自己眞正有興趣而對自己有意義的事情。他們不能够忍受社會的不平與剝削。他們相信人應該與自然之間有一種和諧的關係。很自然地，許多人轉向東方，因爲東方從來不重視過分現實功利的態度，而其所敎正是一種與自然和諧的哲學。美國年青一代的反傳統不免有其過當之處。有的出生於富裕的家庭，却寧可蓬首垢面，過嬉皮的生活。有的熱中改革又不免訴之於暴烈的手段。由富强的美國社會所產生的年青一代的問題，我們乃可以想見，價値的問題不像科學工業之可以用直線進行的方式去解釋或衡量。古老的東方所缺乏的可能可以向進步的西方去尋覓，但是現代西方本身也呈現許多問題逼着它向古老的東方去追求生命的智慧。

準上所述，我們如今所面臨的並不是一個二者擇一的局面：東方或西方？傳統或現代？宗教或科學。人生的問題與答案都是辯證性的。當一個鐘擺偏向在一邊的時候，它的自然的活動是擺向其相反的一極。其中只有有智慧的人才能够了解中庸以及兩極的道理。對於東方來說，早在民國初年，梁漱溟先生卽已經指出：中國文化或者是走上了一條過分早熟的道路。過分偏重安心立命的結果，對於科學知識的追求失去興趣，其結局幾至於亡國滅種。則今日中國種種反傳統的逆流實在毫不令人意外。反過來，過分偏重外在的擴展，現代西方可以戡天役物，今日的美國已經可以把人送上月球，不能不說是一種超特的成就，而內在却造成一種深刻的疏離感，終於在最近幾年之中突然因舉國反戰情緒的機緣而加速度地外顯了出來，這造成了當前不可忽視的危機，稍一應付不當，卽可以造成悲劇性的結果，能不令人戒懼。

時至今日，我們應該充分了解，單純的復古是不可能的。浪漫的懷鄉症與烏托邦的幻想都不能够解決我們的問題，反而引導我們陷入更大的危機。我們唯一的前途乃是了解現實，對症下藥，求取一種嶄新的綜合。人一方面既不能揚棄現實，故必須與時推移，於此我們可以吸取許多西方的價值，從事現實的改革；然而在另一方面我們却要掌握生命內在的重心，一切外在的改革才有其意義。這樣才不至於使內外打成兩橛，造成疏離的病害。於此東方人自可以有其特殊的貢獻，如能把握其傳統之中安心立命的玄旨，與現代的科學技術政治制度相結合，眞俗雙融，內外兼顧，自然可以造福人羣，改善世界，用這樣一個觀點來衡量中國傳統，作爲一個中國人，我們將毫無愧怍之處。中國傳統儘管有其限制，在現實上，中國的知識分子或者無立脚之所，但我們深切地了解，現實而無理想作主導，終必陷於危殆之境，中國文化要求在純外在的擴張之外，必須把握到內在生命的安立，這是中國文化的永恆的貢獻。當然這或者不是中國文化的獨一的貢獻，因爲西方聖哲或者也有類似的思想與體驗，只是就過去歷史上的表現而言，似乎中國文化在這方面的精神理想闡發得特別透澈，在今日更需要我們善加護持，並加以繼續發揚光大。我們所嚮往的是，何日我們可以有一個理想的社會，廣大的黎民可以安居樂業，特異之士可以表現他們的才華，而人們內在圓足，種種威脅我們的疏離得以澈底克服。而我在這裏決不是在描寫我自己的烏托邦幻想。誠如耶斯柏斯（Jaspers）在戰後所指出的，如果今日的人類不往理性的路上走去則必自趨滅亡。我也可以套用同樣的方式預言，如果中國的哲學沒有未來，人類的意識層面不能够改善，個人、社會、國家只是唯利欲權力是圖，則科學工業越發達，世界的末日離開我們越近。以此今日惟有結合世界上理性進步的力量才能應付並安渡這一空前的浩刼，而世界的前途在某一方面言實繫於中國哲學智慧之爲世界所吸取並改造以適合於現在的時代。只有在這一意義之下，中國哲學的未來才是光明的。當然口說似易，實行實在不易。但至少一個知識分子的職責是，不能人云亦云地跟在後面叫嚷，而應自培卓識，不畏懼外在權威，忠誠發抒己見，站在自己卑微的崗位上盡一分力量爲世界未來的前途而奮鬪。（人物與思想第四十八號，一九七一、三）

二、中國史學與哲學的研究

「禮失而求諸野」，漢學這些年，在西方，尤其是在美國的興盛，逐漸凌駕過我國日益式微的古典研究，這是一件不容否認的事實。西方人最初研究中國，也許是由於實用的動機，也許是由於浪漫的動機，但是一旦學術的基礎建立以後，這些外在的動機就自然而然隱退到幕後去了。令我們驚奇的是，以他們的語言文字、風俗習慣、思想方式的隔絕，爲什麼他們還能做出一些成績來？主要的還不在他們有錢，有閒，而在於他們有「方法」，所以儘管他們的結論我們不滿意，總覺得他們有偏見，不免隔靴搔癢之識，但在另一面，我們却不能置世界的漢學潮流於不顧。文化是世界的公器，誰都有權利來研究，而且「他山之石，可以攻玉」，我們自己的偏見也就在這種攻錯的過程之中顯現了出來。我們的情感太切近了，所以不能自由。不論是傳統派，反對派，所抽引的結論往往容易偏失過當，不似旁觀者清，他們雖有許多耳食之辭，但還是堆積了足够的材料與思想的線索，值得我們咀嚼。這是我們對西方的漢學所應持的一種態度。

中國自從共和以來，兩千多年來書寫的歷史紀錄不斷，不能不說是最富有歷史意識的一個民族。而且中國有獨立的歷史著述傳統，現實的政治力量並不能够隨意改變史家嚴正的判斷。「孔子作春秋，而亂臣賊子懼」，這是中國知識分子傳統所表現的光輝所在。不過中國這樣的歷史心靈也有它重大的限制。敍述與評價沒有太明確的分界，道統的比重太大，所以也造成了某種特殊的偏向。

由於中國人過分着重歷史的道德教訓的緣故，所以不費心去分析古史中理想化的成分與眞實的成分。信史與傳說揉合在一起，這引起了民初疑古派的反激。但是要說中國的古史傳統是完全有意的作僞，這樣的臆見同樣是過當的。現代考古方面的成就，雖不足以解決一切問題，但有現代化學、地質學、人類學等所提供的線索與工具爲輔助，加上考古學家有系統地發掘埋藏在地底的文物，與文字的記載相比較，當可以把古代文化的情況重組到某種程度，對歷史事件記載眞僞的判斷，也就有較佳的憑藉。這方面的工作是可以不斷地做下去的，而也很顯然地超過了傳統歷史著述的窠臼。

又由於中國人接受了儒家德化的觀念，朝代的興衰史也就特別偏重在人格因素、政治因素與道德因素的分析，甚至形成了一種一治一亂的歷史觀，正如三國演義一開首時所說的：「天下大勢，分久必合，合久必分」，而分合的關鍵則往往放在朝廷的英明或愚庸上面。這使人在印象上感覺到，自漢以後，中國歷史所呈現的型態，很少改變，逆天命則覆亡，順天命則興旺，這種朝代興替循環的模式，一直到西方影響打進來以後，才突然夭折，而今日我們所看到的，是中國對於現代變革的適應不良症。中國傳統歷史著述無疑抓到歷史變革的一些重要因素：人的因素是重要的，道德、政治的因素也是重要的。可是過分地重視這些因素的結果，却使我們往往忽視了其他同樣重要的因素，如經濟、社會的因素等等。譬如宋代與唐代的不同，這不僅僅是趙家天下與李家天下的不同。宋代的經濟中心已經轉移到南方，這在南渡偏安以前就已經是事實，金兵的入侵，只是使得這一事實更表面而已！又如宋亡，我們只見到宋代的積弱，可是却忘記去對比，蒙古的席捲歐洲是何等的神速。由此可見，宋代的文化與經濟的富庶，還遠在同時代的歐洲之上，這才使得宋代對蒙古有較大的抵抗的力量。又如城市慢慢地在興起，商人在事實上實力越來越大，社會的結構已慢慢在變遷，雖然官方的理論仍然是同樣的一套。再如說對異民族的態度，唐時盛世的心靈是開放的，長安在當時是一個眞正國際性的都市。宋由於外患日頻，就有比較濃厚的民族主義的色彩。以上舉出的這些例證，當然不成定論，但只有在我們去注意這些慣常被遺漏的因素，才能夠有希望重新構想出一幅比較正確的歷史的圖象。而這是傳統的廿四史所不能夠給予我們的，我們得吸收現代西方史學與社會學者所提供的方法、觀念才行。由這個觀點看，中國的歷史決不是從漢以來就停滯不進的，只是與工業革命以後的西方相比，顯得像是死水一潭罷了！而近代東西思想、文化、現實各方面的接觸，都是値得我們去研究的大題目。

但在傳統的史觀以外另覓蹊徑，並不是要我們削足就履盲目地去接受西方的某一套歷史哲學觀。譬如說，在抗戰前關於中國社會史的論戰，許多人把現成的教條式的馬克斯的術語硬加在中國社會之上，所謂的「氏族社會」，「奴隸社會」，「封建社會」，「資本主義社會」等等，弄得烏煙瘴氣，纏夾不清。今日學歷史的人都知道，凡寫歷史，必須有一個理論線索，有確定的取捨的原則，否則便成斷爛朝報，不是優秀的史作。但著寫歷史有系統有方法，並不表示要把歷史變成歷史哲學的玄想。一個歷史家要熟悉歷史事件變遷的來龍去脈，追逐因果，但却要避免作占星學式的預言。同時我們也不能夠把西方的社會分析的成果，一成不變地應用在國史的分析之上。依據人類學當前的潮流，許多傑出的人類學家都相信，物質環境的因素，雖可以限制人類文化發展的途徑，但是它並沒有完全決定的力量；而從不同社會的比較研究，人類學者往往發現「異中有同，同中有異」（unity in diversity）的現象。因此，從方法論的觀點上，我們一方面要排棄絕對主義（Absolutism），文化的發展並沒有絕對普遍同一的模式，另一方面我們也要排棄相對主義（Relativism），外表相異的社會，在功能上，往往可以找出許多相同的成分。人類文化的發展在一種寬鬆的尺度衡量之下，可以說是有着若干程度共同的方向。把這樣的方法論用來研究國史，我們儘可以利用西方歷史研究的成果來做類比，但是我們却要小心地研判，那一些成分是人類歷史文化共同發展的特徵，那一些是西方歷史獨有的特徵，以及那一些是我們自己國史獨有的特徵。這樣既不取同略異，也不因異棄同，才能作有意義的比較研究；如此通過嘗試錯誤，慢慢找到一些適合的模型（models），才能够用以足够地描述國史發展的過程。

當然這些模型都是可以不斷修正的。史家們用同樣的方法並未必一定得到同樣的歷史的論斷，但至少方法的自覺可以製造較多理性地討論與會合的餘地。而且歷史的研究，除了當作一門客觀獨立的學問研究以外，是有着巨大的實用價値的。不只鑑往以知來是人類學習的一個最大的泉源，而且客觀地了解別人的歷史以及自己的歷史，才能訓練我們自己培養成一種現實主義的態度，不把自己的行爲建築在主觀的空想、情感的反應與錯誤的估計之上，這樣當然會產生比較好的效果；而國際的問題由於較佳的互相了解也才會有比較好的解決的方案。中國以其人口、土地、資源等等的條件是命定要在世界史上扮演一個重大的角色的，而研究中國歷史，不論對我們自己或對別人，都是一件重要的大事。

再談關於中國哲學的研究，中國哲學史旣是中國歷史研究的一部分，一般歷史研究的方法也可以適用於它，只不過思想史究竟有它特別的地方，所以需要額外提出來談一談。

在傳統的史學論著中，根本沒有「哲學史」這個名詞，這個名詞本身就是受西方文化刺激以後的產物。中國以往談學術源流總不免要追溯到三皇五帝，理想化的成分與眞實的成分沒有區別。所以現在研究中國古代哲學史的人和研究一般中國古史的人所遭遇的共同困難是，在文獻不足徵的情形之下如何還原出比較眞確的古代的圖象。從某一個觀點着眼，胡適的「中國哲學史大綱」的確像蔡元培所說的那樣有一種非常的「截斷衆流」的手段。而且在幾十年前一無憑藉之際，弄出一個理論架子來安排中國哲學的史料，不能不說是有非常的眼光與聰明。但是這書從後來的眼光看來，缺點也是非常明顯的，正像金岳霖在馮友蘭《中國哲學史》的審查報告中說的，胡適的《中國哲學史》像是一個美國人寫的中國哲學史，不像是一個中國人寫的中國哲學史。這是因爲胡適的立論根據是杜威的實用主義，不免把許多現代的觀念運用到中國古代哲學材料的解釋去。比較起來，馮友蘭的《中國哲學史》當然是有了顯著的進步，一則這是一部比較完整的中國哲學史，不像胡適的只有半截子；二則徵引的材料十分豐富，這書的英譯本到目前爲止還被認爲是標準教本，沒有一本新的書可以替代它；三則馮友蘭的所謂「正統派」的觀點使他對中國哲學有比較同情的了解，這些都構成了馮著的優點。可是有趣的是，馮友蘭也犯了和胡適相類似的毛病，他又把新實在論的觀點運用到史料的解釋之中，這未必與中國哲學的精神相應。至於馬克斯的一派把階級的觀念弄進去更是全不相干。這種外在的論點都是我們在今後必須要避免的陷阱。

要了解一家哲學，我們必須要了解這一家哲學產生的時代和文化的背景是什麼，所感受到的問題是什麼，所提出的解決問題的方向是什麼，獨特的哲學心靈尤其需要獨特的處理，庸俗的眼光未必能夠了解崇高的哲學的境界。狄爾泰說，只有一個詩人的心靈才能夠了解詩。同樣，只有一個哲學的心靈才能够了解哲學觀念的意義。而我們在評價以前，首先必須有深刻的同情的了解，而後再加以批評，這才可能是比較深刻的批評。

把人類學所發展出來的睿見應用在哲學上面，我們得致力找出中國哲學與世界哲學共同的通性，以及中國哲學與世界哲學不同的殊性。「哲學」這一個名詞顯然是英文 Philosophy 的譯名，但是二者並不完全對等。如果哲學指的是經過自覺的反省思想以後所採取的一套對世界與人生的看法，則中國無疑是有哲學的傳統，但是如果哲學指的是通過邏輯的論證形式所建立的形而上學思辨的大系統，則中國沒有哲學。這裏可說是牽涉到一個語意的問題。故此當中國人聽到史塔斯（W.T.Stace）一類的論調宣稱中國沒有哲學，根本不必義憤塡胸，大動肝火。史塔斯只是依據西方的傳統，取了哲學的一個較狹的定義而已！民國初年時歐陽竟无曾發表一篇演講：「佛法非宗教非哲學」，這篇講辭的內容姑不論，但有一個洞識是不錯的，佛法是無法放在西式的哲學與宗教的範疇以內的。佛法不是「宗教」，因爲它不立上帝，但它也不是「哲學」，因爲它不只是思辨，而有存在的託付（existential commitment），有解脫拯救的功能。推廣來說，中國哲學也是不能用狹隘的西方哲學的觀念來範圍的；用純西方的觀點來研究中國哲學，收獲會很有限的。凡研究西方哲學，沒有邏輯（名學）的訓練是不行的。可是從名學的觀點來研究中國哲學命定是要失望的。從古籍中去找資料，儒家正名之論是道德動機重於邏輯推論的動機，勉强說來，只有荀子與墨家之中有一些關於概念與方法的討論，狹義的名家者流如惠施、公孫龍之輩已經把名學墮落成爲辯論術，後世的中國哲學根本看不起這一類的名相分析與文字遊戲，而置諸不聞不問之列。以此，中國連印度因明的三支論式都沒有發展出來，遑論西方形式邏輯的規條與現代符號邏輯的成就。而且中國根本沒有西方式的哲學大論著，孔子的「論語」許多人都抱怨沒有條理，就是宋明諸大師也只有少數幾篇短小的論文，而多的是隨機應發的語錄對話。這是由於中國人根本不信賴抽象的理論推概，中國人所注重的是當下存在的體驗、特殊具體的情勢，與普通的原理如何加以實際應用的契機。由此可見，西方人對於哲學的分類方法也未必適用於中國哲學。在中國天道（宇宙學）與人道（倫理學）是息息相關的，二者沒法子孤離開來討論。中國哲學的用心是在內聖外王，這是在現世有作用的學問，與希臘哲學玄思默想（contemplation）的傳統迥乎不同。中國人不是沒有方法，但他們的方法論是潛隱的，不是外顯的。這當然與中國人的中心與趣有關，中國人最關心的是人生的實際問題，如何獲致內在的安身立命，如何造成黎民的安居樂業。這樣的思想當然有它的限制，但不能說它完全沒有價值如一些極端西化派所主張的，它的確觸及人生某一些重要的方面。我們只有由這一個角度入手，才能看出中國哲學的貢獻在那裏，爲什麽有研究的價值。有了這樣的基本認識，去研究中國哲學，才不至於空入寶山，徒手而還。

由此可見，缺乏同情的了解是研究傳統中國哲學的一大限制，而時代氣氛的不同，尤其使我們難於領略過去時代的問題。史賓格勒說，這個時代是一個非宗教性的時代，蘊育在這個時代的俗世心靈去研究宗教史，當然會產生巨大的問題了。譬如胡適的研究禪宗史就是一個活的例子。他個人根本缺乏宗教的體驗，完全從考據的立場去着手，其不相應的情形是可以想見的。依胡適的說法，「禪宗的革命」，主要是由於神會，而不是由於慧能。這論點能不能成立，當然要訴之於事實的證據。但胡適對於宗教心理學顯然沒有深刻的了解。他似乎認爲，神會是知識分子，而且又善於結交權貴，所以才有力量推動宗教運動。可是這都不是宗教運動發源的主要條件。耶穌也不是知識分子，也沒有現實的力量，但他是基督教的靈魂。聖保羅等知識分子，雖然於宏揚耶教有功，但如果沒有耶穌的靈光照耀，是不是會改宗就有問題。《六祖壇經》裏面關於六祖的故事天機畢露，很難是完全造作發明出來的故事。總之，不論事實的情形究竟如何，研究宗教史總必須要具備宗教的心靈才行，否則隔靴搔癢，很難搔到癢處。當然要重新回復另一個時代的心態，這不是一件容易的事，但史家的責任是至少要把這一件事做到相當程度，不能從出發點就聽憑胸臆之見，妄加論議。從這一個觀點看，太虔信宗教的人和完全不信宗教的人，同樣不宜於研究宗教史，此無他，兩邊都有太强烈的先入之見之故。

故此研究思想史貴在作深入的內在的探討，外在的論議是其餘事。從這一個觀點看，胡適與馮友蘭的哲學史都不能够算是深刻，因爲它們不能够作足够的內在的深刻的討論的緣故。大抵在中國哲學史上，以佛學與理學最不容易處理。以其牽涉到內在的體驗的緣故。如果缺乏體驗，根本就看不出這些東西的意義。入乎其內，而後才能出乎其外，這是研究一家哲學的不二法門。要了解一個哲學家所要解決的問題是什麼，着手的方法是什麼，所根據的經驗基礎是什麼，這樣才能看出這一哲學的優點與缺點所在。所以唯物論階級史觀的那一套最不足取，他們先有一套預定的架構，然後找材料去湊答案，其不失者鮮矣！又如美加州大學的勒文遜(Joseph Levenson)，他論中國近代哲學因西化的刺激，情感的反應過當，以此不能平情估價吸收西方文化，而現代中國的各家哲學竟像是反應各種不同的情意結，或者抱殘守缺，或者文過飾非，種種型態，不一而足。勒文遜這種論調，在解釋各派哲學時也不乏敏銳的洞察力，但是，整個來說，仍是採取一種外在觀點，基本的前提根本就成問題。一個文化在遭受到外在强大力量的挑激時，情感的反應自易過當，但也可能激發生命的潛力，得到一些平時所沒法得到的造就。惡劣的環境並不一定產生情意結，但勒文遜却好像替現代中國哲學做心理分析，這種推概是沒有足够的事實做根據的。照他的看法，從曾國藩以來，一直到今日的共產主義爲止，每一派哲學都有它替罪的羔羊，爲老大的中華民族洗脫罪名。難道這樣說來，現代中國哲學之內就沒有一點眞理的成分，都只是情感的刺激反應的效果？就我個人的看法，情感的反應是一事，因情感的反應的契機所發現的眞實與眞理又是一回事。但勒文遜在二者之內似乎全然不加區別，這造成他的論點的根本限制所在。還出本來面目，這是哲學史家所實現的第一責任，也是今日研究中國哲學史所要追求的終極理想。

當然有人可以在這裏提出一個問題：事實是一回事，評價又是另一回事；如果我們還出中國哲學在事實上的本來面目，却發現它們完全沒有價值將怎麼辦？我的答覆是，理論上這雖可能，事實上却很少有這樣的可能。人之異於其他生物，正在於人有歷史，能够積累經驗。中國的哲學既不是憑空從天上掉下來的，它必有它經驗的基礎，故我們的要務不是全盤去否定傳統，而是要去探討，傳統雖有經驗的基礎，它對這些經驗的解釋，對的在什麼地方，錯的在什麼地方，它的限制又在什麼地方，因爲後時代的人們又有新的經驗，根本超過前人的視域，需要我們去加以省察。人應當珍惜前人的經驗，這是非常正確的一個前提，但這不是說人要去做前人經驗的奴隸。我們自己當培養自己選擇的眼光，這樣才不至於被歷史牽了鼻子走，也不至於被時代牽了鼻子走。

我覺得人們在研究過去哲學時，常常不能分別開擺出來的陳述，與陳述背後的洞識。譬如說，康德的哲學當作一個確定的系統來看，大多數的斷述是被推翻了，因爲康德所根據以立論的十八世紀的科學到如今都已經過了時。但這不是說康德所有的洞識都過了時。「把人當作目的」，這到今日仍然是眞確的，雖然我們也許得爲之重新建立一個全新的理論的基礎。同樣今日我們研究中國哲學史，不只是研究一些死的古董，而是研究一些活的教訓。「安心立命」，這在今日仍是一個大問題。君不見，正是在工業最發達、經濟最繁榮的美國却產生了一大羣的「嬉皮士」們（Hippies）。美國今日之時興禪學，這不是偶然的。我們有許多事比前人看得清楚，也有許多事不必比前人看得清楚，在歷史的過程以內，有許多前進與後退的契機，要我們仔細加以辨別，此所以我們永遠有向前人學習的地方，然而也沒有一樣可以依樣畫葫蘆，而需要我們去整合人類在過去寶貴的經驗以適合現代的需要。故此在今日，工業化是必然的，工業化社會的觀念型態則是不必然，試看今日美、俄、歐洲各國、日本仍然維持不同的心態的事實便可以想見，尤其先進工業國家的社會組織所呈顯的那些病態是不必然的，中國人不必事事追隨在別人的後面，也應該知道自己有那些長處可以貢獻給世界以作眞正的雙邊性的文化的交流。

在今日我們的古典訓練是無可奈何地一代不如一代了，但至少我們有方法可以彌補。但如我們連方法也不用，那麼除了復歸於野蠻，就沒有什麼可說的了。

（中央日報副刊，一九六八、一）

三、儒家哲學的現代意義

中國文化在近百年間與西方接觸，飽受各種挫折。帝國主義的侵凌令人反省到文化本身的缺，而儒家尤其被認爲罪惡魁首，爲阻塞一切進步的根源。民國初年，吳虞首倡「打倒孔家店」，胡適大力響應。吳稚暉主張把線裝書扔進毛厠坑。再看那個時代的新文學如小說攻擊最烈的是「吃人的禮敎」，反對戀愛、婚姻不能自主。在這半個世紀之內，中國整個的社會結構有了極大的變革。雖然現在還有一些老先生在奢談孔孟，只怕完全引不起青年人的興趣。儒家的思想已經被處死了這麼些年，現在的青年人感覺到連大聲疾呼地反抗它都是多餘的了。在今日要談研究儒家哲學，是不是完全在開倒車？

再看海外，美國如今領袖漢學界的費正清輩又是如何見解？費正清與賴世和寫《東亞大傳統》，他們了解要把中國過去的偉大一筆抹煞是不可能的，於是編織了一套複雜的理論來解釋這樣的現象。依他們的了解，中國在文藝復興以前，無論在科學或工業方面，文化遠較歐洲爲進步。中國的政治制度相當於西方所謂開明專制，在現代民權普遍覺醒建立民主制度以前可以說是最合理的制度，這才能够解釋中國文化所表現的長期穩定性。朝廷儘管有所興替，但兩千年來的制度却沒有根本的變革。乾隆皇帝有一度曾被西方人視爲哲王。在西方啓蒙時代，歐洲有很濃厚的所謂「中化」的潮流。花園、室內佈置如果沒有一點中國風味，就被認爲缺乏高雅的品味。伏爾泰是那個時代中國崇拜的大祭司。馬哥孛羅的遊記最初被認爲是想像的虛構，後來竟然證明只要除去一些誇張的成分，大體是合乎事實的報導。利瑪竇一類的傳教士對中國文化的成就莫不有很高的崇敬。教廷因爲中國問題並曾引起長期的論爭。由此可見，西方人對中國的觀點在二百年前與在十九世紀帝國主義的觀點是完全不同的。但是中國在近代缺乏科學與產業革命的變化，倒頭來一切反而墜後於西方。依費正清輩的解釋，正是因爲中國的制度能够充分解決過去時代所面臨的問題，這才使它在現代格外不能應變。費正清把過去在朝廷統治之下的中國叫做「儒敎之國」（The Confucian State），言下之意是這樣的制度在今日已經絕對不能繼續存在下去。這又是在另一種方式之下宣判儒家的死刑。費正清顯然把儒家看作它的典章制度。這些東西都是在農業社會下的產物，以追求穩定爲基本的價值標準，這斷然不合於今日以追求變化與進步爲鵠的之現代工業文明。當然也有人把儒家看做一套倫理哲學。但是五倫一類的觀念也隨着君主制度的崩壞而失去意義。有趣的是，西方文化內部的反叛者，往往被中國的道、佛二氏所吸引，禪學尤其經鈴木大拙、艾倫・瓦玆（Alan Watts）一班人的宣揚而風行一時。但很少有人被儒家哲學所吸引。當然西方人也承認儒家有相當高的道德原則，但是他們有他們自己認爲更高明的基督登山寶訓，何必捨近求遠，這樣看來，儒家哲學的研究充其量只有歷史的意義，決沒有絲毫現代的意義。有之，是研究儒家如何在近代阻擋了中國現代化的過程而領取一個歷史教訓，將來要如何澈底剷除儒家在今日的壞影響而不爲其陰影所籠罩，這正是今日大陸上所極力想要做到的目標「厚今薄古」，這是當前大陸上流行的口號。

然而時代潮流儘管如此，却有一些在思想上的特立獨行之士反對這樣的判斷。臺港思想最富建造性的哲學者如方東美、唐君毅、牟宗三等諸位先生都屬於廣義的儒家的傳統。乃至五四時代的健將傅斯年在任臺大校長期間硬性規定大一學生必須讀孟子。最近因癌症去世的殷海光先生據云在逝世之前也曾對中國文化的道德價值有一番重新估價。關於這一點另一位提倡中國文化理想的健將徐復觀先生曾有極生動的報告。這許多事實都可以促使我們對這一個問題作愼重的再考慮。在西方也有相同的情形。傑出的漢學家如在支加哥大學執教有年的顧理雅（H. G. Creel）曾寫專書論孔子，對孔子的思想與人格極盡仰慕之忱，哥倫比亞大學中日文系主任戴巴利（Theodore De Bary）專門研究宋明理學。英國以寫大部頭中國科學史聞名於世的李約瑟（Joseph Needham）最近出版《四海之內》一書尤其對於以儒家思想爲本的中國文化有精闢的論述。我們可以看看這位傑出的漢學家對這一個問題有怎樣的意見。

在他的大著《中國的科學與文明》之中，李約瑟對儒家頗不無微詞。從純科學史的觀點看，道家的煉丹、求長生有助於一般科學的發展，儒家的人文主義則每壓抑科學的進步。但李約瑟對新儒家的有機自然主義則頗致讚慕之辭。中國哲人以其直覺智慧所把握的一套有機自然觀竟然與現代科學所蘊涵的世界觀兩相吻合。在《四海之內》一書之內，李約瑟更進一步以西方人罪己的心情，對建築在儒家思想上的中國文明作全盤的重新估價。他認為西方人的二元分裂心靈把宗教與科學的價值打成兩橛，以至造成嚴重問題。在過去則形成宗教迫害。在現代由於科學工業的突飛猛進，忽然變成了世界的領導者。但因無適當資具，於是產生帝國主義的罪孽。在此，強大的西方還必須虛懷向東方去領取精神教訓。

中國不僅在過去有重大的科學發明，最重要在它的文明無超自然與自然打成兩橛的弊害。個人與社會之間也沒有嚴重的衝突。中國人的倫理著重責任的遵守，而不著重權利的爭取。一般人都認為中國的法律觀念落後，但李約瑟也不同意這樣的見解。依他的看法，羅馬法過分著重抽象的原理，每每造成極不公平的後果。一直到今日，西方人常常不問事情本身的對錯，而專走法律的漏洞。但中國的法理兼顧人情，所著重的是具體實際的情況。中國人從庭外的和解，這造成一種普遍的寬容的精神。中國人雖驕傲於自己的文化，從不著重武力征服的觀念。中國過去雖取專制政體，但君主並不能够為所欲為。考試制度取士，頗不乏直諫或有才能之士。中國過去官吏收受餽贈的陋習向為人所詬病。但李約瑟指出，這樣的批評是不了解傳統社會的特殊背景。官吏的薪俸根本不足以維持，故此在習俗容許的範圍以內接受餽贈，並不能算是貪贓枉法；只有窮兇極惡需索無厭的敗類方爲人神共疾。傳統文化停滯不進之說也是不符史實的虛構。猶有進者，儒家的人文主義正統每爲道家的自然主義所平衡。道家不滿世俗現實，乃作嚴厲的社會批評；追求長生練丹，因而促進科學研究；雅愛山水自然，成爲藝術創造的主要泉源。但傳統中國文化因缺乏有利於現代科學發展的社會條件，以至逐漸墜後，但中國既有偉大的科學傳統，無理由不能够走上現代化的道路，未來儘可以有光明的遠景。

依李約瑟的見解，科學爲世界人類的公器，不能爲某一個文化所獨佔。現代歐洲人誤以爲科學是純白人文明的產物，這是盲信錯誤史觀的結果。人類科學文化自古以來互相交流，西方在過去受惠於東方之處良多。在近代有幸而能發展科學產業革命，正宜暢開心懷與世界共享這樣的成果，而不當以帝國主義威凌世界，造成罪惡後果。李約瑟並斷定，除科學以外，其他文化成果並無普遍性，西方不能以其方式强加於東方之上。相反地西方應該徹底反省自己二元靈魂的缺陷而向東方文化傳統的優點借鏡取效。

李約瑟對於中國傳統文化的同情了解可謂空谷足音，而西方人罪己呼籲之誠委實令人欽佩。但李約瑟對傳統中國哲學不無誤解之處。如其謂傳統中國哲學未發展宗教超自然主義與形上唯心論誠諦，但以過去中國哲學主流爲唯物論却不免離譜過遠。李約瑟的思想背景是一套科學人文主義，故此對儒道兩家所共持之有機自然主義以及現世襟懷譽揚備至，而對陽明哲學頗加詬病。但實際上傳統中國哲學的中心問題是「安心立命」與「物我雙忘」境界的追求。這樣的哲學自有其短處與長處所在。但李約瑟未能以物觀物，而把自己的意見讀入傳統中國哲學之解釋之內，不免僅得其一隅，未能建立全盤性的客觀了解。而李約瑟因西人之過分罪己心理，竟不免過分理想化當前中國的現狀，這不是我們中國人自己可以接受的論斷。

總之，他山之石，可以攻錯。在民國以來中國知識分子反傳統文化的大浪潮之下，李氏以局外人之目，許多地方確實旁觀者清，大有助於恢復吾人民族的自尊心。但若我們自己不能清楚把握自己文化的意義，只能人云亦云，借重洋大人的品鑑才能够肯定自己的價值。那就未免太可憐了！

曠觀中國近百年來的現實發展固然是一團亂麻，無從分解。但從思想發展的方向着眼，却不難看出一點端倪。中國自秦漢一統以來，兩千年來從未受到有力外來文化的挑激，不免養成一種自滿自足的心理。今當清末衰世，驟然受到强大西方的挑激，不免張皇失措。中體西用的方式既行不通，乃有全盤西化之論。流風所至現在臺受敎育的青年，大多是受的西式敎育，傳統對他們而言已經沒有多大意義。在這樣的情形之下空談文化復興，只怕難收任何實效。

中國傳統文化誠然偉大，但確有它本質上的限制，毋庸諱言。例如論者曾經指出，中國科學的發展始終停滯在經驗層面，未能進至理論層面。傳統政治除改朝換代以外無有效的方法以制衡專橫暴虐的君主。農村經濟的重心漸爲城市工業所代替。大家庭制度也慢慢崩壞。在心理方面我們的青年每一保守退縮，創造性不足。故此要談復興中國文化，首先我們必須要分辨什麼是這一個文化之中已經死去與仍具現代意義的成分。

反過來全盤西化之論則不能夠了解人無法抹煞自己的歷史文化傳統，事實上根本無法把人家的文化成就無條件地全盤移植過來；也不能了解現代化的過程誠然必要，西化却不必要。前美駐日大使賴世和在一個介紹日本文化的電視節目上卽指出，日本在近年所造成的經濟奇蹟，實由於其傳統優良的國民性所致。日本人不取西方之個人主義，而重視人與人之間的合作以及個人的犧牲克己精神。戰後不過二十年的時間每年的出產量已僅次於美蘇而佔世界第三位。賴世和甚至預料未來日本的潛能發出將凌駕乎蘇聯之上。這或者不免是誇張之辭，但却證明一點，現代化的過程儘可以採取不同的道路，一個文化必須能找到適合於自己的方式才能夠事半功倍加速度往前進步。據新興文化人類學的立論，各文化既有其殊異性，又有其連續性。連根拔起決然導致不祥。今日在美的少數民族均在找尋自己的認同。黑人要求教授黑人的歷史，並宣稱「黑卽美」，不再迷醉於白人的價值而忘失本根。中國既曾創造最燦爛的歷史文化，認同無問題，委實不當自瀆，而但求委過古人。無可否認，現代的中國人是處在一個極艱難的處境之中。但如這一個民族的活力不曾滅絕的話，則必求有以重新整合傳統與現代有價值的成分，或者在未來可放一番異彩也未可知。

再說，現代化的過程雖然必要，但一方面既無法專事抄襲而依樣畫葫蘆，二方面也不可以想像：只要現代化以後就不會再遭逢任何問題。人生的問題是無窮盡的，永需要人運用活潑的心智去解決這些問題。以工業先進的美國爲例：在自然環境方面，如今產生嚴重的空氣與水的汚染問題。在經濟方面雖則號稱豐盈社會，但仍無法完全消除貧窮。老年人與青少年的照顧都成問題，種族的歧視仍未消除。如火如荼的學生運動指陳着整個社會的不安。年青的一代每假性與藥物來減輕心理的負擔。文學與藝術也都描寫暨反映當代的挫折與不安。現代非人性化的潮流的增長最令有識之士憂慮。

弔詭的是在這樣的情形下，我們反而能够轉回頭來欣賞傳統中國的智慧。中國自古以來無嚴重的階級種族的歧視。重點是在文化主義而輕視武力征服。對弱小鄰邦但以接受朝貢爲滿足，而不取帝國主義之擴張政策。比較起來歷史上可謂無嚴重的宗教迫害發生。這些都是中國文化的長處。傳統的德化主義過分片面的發展或者有其流弊。但今日在國際上造成問題的仍是王覇義利之別，在實際內容上與古代雖有極大差異，在原則上却有血脈貫通之處。傳統的人文主義過分片面的發展也可以造成流弊，但今日最嚴重的一個問題卽是科學與人文之間的平衡。以人文價值統御科學的成果，始能造福人羣，不至於使人流爲機器工業或者現代經濟制度的奴隸。最有趣的一點是，中國傳統向來被視爲無宗教之影響。但如今在西方，教會在現實上雖仍具有强大力量，但不斷在往下坡路走去。在神學上的新潮流乃至宣稱上帝已經死亡。中國傳統却無超自然世界與自然世界的截然分割。人文的理想並不必排棄對超越價値的肯定。孟子所謂「盡心知性知天」，在天人之間獲致一種普遍的和諧。超越與內在之間兩下打成一片。而所謂「天」早已失去其人格神的意味。它乃是在宇宙之中生生不已不斷作用的一種力量的象徵。人必須要體現自己內在的生命的仁心與創造性，充分實現超自我的生命的意義，始可以完成安心立命的理想。在今日我們可以用嶄新的現象學的方法技巧來描寫這樣的進路，這種對仁心的信託顯然不是經驗歸納的成果，因爲惡濁的現實世界之中儘充塞着邪說暴行，作用的未必是仁心的原則。但仁心也並不存在於虛渺的彼岸，每個人都可以體驗到它的根芽，問題在是否能將之擴充到自己全面的生活。能够擴充則生活的意義飽滿，不能够擴充則生命的意義感到虛歉。如果人能够把自己的終極託付交付給仁心，則現實的遭遇不論多壞，內在亦不至於喪失信仰，而外在決不會去做暴亂的惡行。在現在超自然的神話被戳破以後，中國哲學尤其是儒家理想，可以說是提供了惟一健康的信仰的出路。故此在今日我們該復興儒家的理想，實在不是談已經過去的文物典章制度，所有這一些在當前的情勢下都可以沒有必然性。我們如今所惟一要保留的，乃是儒家的「仁心」的託付與「生生不已」的精神。如能將之貫注在現代科學人文的成果之內，則生命不至於流落到無意義的境地。儒家之能解決個人內在安心立命的問題，實在可以解決現代破除迷信以後的宗教信仰與終極託付的問題。

如果我們知道什麼是儒家思想中可變的因素，什麼是儒家思想中不可輕易拋棄必須加以復活的因素，我們就知道應如何重新改組儒家的理想。以應付時代的需要。傳統「內聖外王」「內外合一」的理想都可以賦與全新的內容。如果今日仍然抱殘守缺完全照着過去那一套講法，自然會過分單純抑且不合時宜，但現代人比往昔尤烈無可避免地遭逢到內心不安的問題。在個人層面當如何在外在的成功與內心的安樂的追求之間求取一種平衡；在超個人層面當如何能够了解現實的鄙惡而却堅持人道的理想以消弭社會內部的不平與國際之間的爭端？溫故以知新，在這裏研究傳統自有其現代的意義，而與現代青年內心的問題接上了頭。但研究傳統不能止於學究式的研究傳統。了解之後的進一步工作乃是創造的綜合。這當然不是一個人能够完成的艱巨的工作。每一個個人只能够竭盡自己的才智盡上一分微薄的力量。在這個意義之下，哲學的思考並不玄虛，因爲現代有許多實際問題乃根植於觀念型態與道德原理的爭執。然而卽使有了正確的理想，要使之實現於世界還是更進一步的工作。外在現實常常是汚沉的，容易令人喪失勇氣。但儒家的立場是無論如何造次顚沛都不能够放棄仁道的理想。而這決不只是一些口惠而要澈底實現在自己的生命才行。並且理一分殊，原則雖一，在實現上每個人却要努力去尋求適合於他個人的道路，並沒有現成的公式可循。在此立志既要作中流砥柱，又要能夠與時推移。由此可見，儒家的理想決非一定不能有它現代的意義，但卻要存乎現代人自己的抉擇去求取一種全新的綜合。

（大學雜誌第二十五期，一九七〇、一）

四、儒家倫理哲學的現代意義

一、引　言

研究儒家的倫理可以有許多不同的方式。有的從歷史的觀點研究儒家倫理在過去呈現的觀念型態以及施行的方式，有的從社會學的觀點研究在現代這一轉形期間傳統的儒家倫理扮演一個怎樣的角色。這兩種研究的方式都隱隱然假定傳統的儒家倫理是一種已經過去的陳跡，或者是行將死去的殘餘。這篇文章的出發點則主張，儒家倫理在內容上雖有許多已經死去或過時，在精神上却有一些萬古常新的成分，可以在哲學上研究其特質，並指明其在未來改造的方向。在方法論上本文所取是一種比論的方式，以現代西方所熱中討論的幾個題目做樞紐，反顯出儒家倫理哲學的特殊立場，而後指示其未來改造的方向。本文所擬討論的題目大體限於下列三個項目：㈠善是否可以定義？㈡善是否可以通過認知以把握？㈢倫理的標準係絕對抑相對？

二、善是否可以定義？

現代西方倫理學自摩爾（G.E.Moore）以來即熱烈辯論「善」是否可以定義之問題。摩爾指出所謂「自然主義的謬誤」（the naturalistic fallacy）充斥於西方倫理學說之內。人們往往急於要把「善」約簡爲某一種自然的性質。例如享樂派把「善」約簡而爲快樂，用快樂的感覺來界定「善」。但摩爾指出，「善」實在自成一個領域，可通過直覺來把握，而不能將之化歸其他因素或通過這些因素來界定。

檢查傳統儒家倫理哲學的規模，任何化約主義根本毫無地位。「善能否定義」這一理論問題根本就未受到重視。由這可以反顯出，傳統儒家根本就未曾企圖界定「善」。孔子的態度可以代表典型儒家的態度，我們試就《論語》一書中的資料略加分析，以闡明儒家倫理哲學對於這一問題所持的基本態度。

一個西方學子展讀《論語》，立刻就會遭逢到一些不易克服的困難。而這樣的困難與讀一部西方哲學典籍的困難是全然異質的。讀西方哲學的困難在其概念的抽象性與複雜性。受過西方哲學訓練的人讀中國的典籍所感受的困難却在其缺乏概念的確定性與系統性。《論語》全書充斥了孔門師弟對於德性體會的相機指點，所著重的是具體的情景，而非抽象的概念性思考。抱着西方哲學的先入之見去讀《論語》，就會覺得一無所得，好像孔子的思想根本還未進到抽象概念思考的層次。但《論語》中思想的統一性，乃是另一種不同的統一性。《論語》並不只是給我們一些關於德目的零碎乃至互相矛盾的討論，證諸孔子本人所謂「吾道一以貫之」可知。而有趣的是，孔子並未明言他的一貫之道究竟是甚麼，曾子的代答「忠」「恕」顯然只是就仁的兩個重要表徵立論，並非對於問題的直接正面答覆，否則一貫之道成爲二事豈非笑話。細玩《論語》篇章，顯然此一貫之道爲仁。孔子明言：「君子無終食之間違仁。」又說：「志士仁人，無求生以害仁，有殺身以成仁。」禮樂爲孔子政治教化的主要憑藉，而孔子却說：「人而不仁，如禮何！人而不仁，如樂何！」可見仁實爲禮樂的根本。但《論語》談仁雖多，却從來未提供仁的定義。有時仁被當作德目之一，狹義的仁愛顯屬此義，但這一義下的仁不能與總攝衆德的仁混爲一談。表面上孔子似未自覺到提供仁的定義的問題，骨子裏孔子未提供一仁之定義實在表現一極高智慧。孔子非抽象的理論家，而是具體的實行家。仁者的理想是：「己欲立而立人，己欲達而達人。」但要立人達人必須要顧及各個人的氣質稟賦以及具體環境的因素。比而同之，實爲不仁，故孔子因材施教，務期每一個學子把自己內在德性暨才情的可能性充量地實現。人人的生命都能够就己分上發皇，這才是聖者的理想。正由於仁的理想必須通貫到不同的個人以及特殊的情景，故此惟一把握它的方式乃是相機指點，學者苟能擧一反三，自然能够把握此一中心原理。如强以綱差界定仁之概念，則新鮮活潑的仁的體證立刻被肢解，求仁而陷於不仁，豈是善求之道。

後儒以「生生」訓仁，頗得原始儒家之旨。告子「生之謂性」是順趨之路，只能看到人的自然本能的生命。但「生生」却是逆反之路。要生命的充量發展，雖非絕情滅性，但必須變化氣質，乃可超越自然本能的強度的生命，而提撕轉化發揚一德性體證的深度的生命。「生生」始可以處逆境，化戾氣爲祥和。此所以君子可以固窮，而小人窮，斯濫矣！人的外在固受環境限制，但人的內在却可以在不同的環境得到實現，不因外在的挫折而慧命斬斷，如此始可以體驗生生之旨。

事實上以爲終極觀念之不能界定實不限於儒家，而是共於東方之傳統。老氏「道可道，非常道」，佛氏「離四句，絕百非」。都是自覺地拒絕名言界定的進路。儒釋道三教自有其本質上的差異。但與西方哲學比觀，則有其血脈貫通之處。西方宗教哲學雖有「否定神學」的思路，但不是西方哲學的主流。此處我們可以看到東西思想發展的分際。

三、善是否可以通過認知以把握？

摩爾攻自然主義的倫理觀，本意在排棄倫理的化約主義，不意却引起了邏輯實證論倫理的情意主義（emotivism）的逆流。這一派的主張是對傳統主知主義的反動。他們認爲可以通過經驗實證的才能建立知識。倫理上的善惡是主觀情意的事情，不能夠推概，所以也不能夠對之建立經驗的知識。這一派學說只承認有習俗，而不承認有普遍放之萬世的道德標準。邏輯實證論者情意主義的主張在現代西方的倫理學界引起了許多激烈的論爭。

考西方主知主義與情意主義的對蹠實由於在西方傳統之中知情二者的分離。儒家的倫理觀則缺少這樣的分離。以孟子爲例即可以看出儒家的哲學著重知情二者的和諧。孟子分別小體大體，其言曰：「耳目之官不思而蔽於物，物交物則引之而已矣！心之官則思，思則得之，不思則不得也。」好像孟子也在感與思之間劃下一道鴻溝，但孟子論心首重「不忍人之心」，其四端之說略謂惻隱之心，仁之端也，羞惡之心，義之端也，辭讓之心，禮之端也，是非之心，智之端也。心之思與惻隱之情不可分割。所謂思決非無色彩之抽象思考，所謂情也非任意汎濫之情。故孟子之英譯竟找不到「心」之適當譯名。如譯爲"mind"則喪失其情之含義，如譯爲"heart"則又喪失其知之含義。由此可見中國哲學之思考採取了一個不同的方向。

由於中國無主知主義與情意主義之對立，故儒家對於善是否可以通過認知以把握也有其特殊的答案。善決不能够通過抽象的理智以把握，此處道德的範圍超越狹義的知性的領域。但另一面善決非汎濫之情意的表徵。孟子以降的儒家傳統相信人有良知良能。人可以掌握本心，此所以人之異於禽獸。而人也有辨識具體環境的智慧與力行道德原則的勇氣。故儒家的立場又非「非認知主義」（non-cognitivism）的立場。但良知與經驗推概之知並不在同一層次。而良知之實現恰正是本心或仁心之實現，決非絕情滅性可言。此處儒家的倫理觀在主知與主情之外找到了第三條道路。

四、倫理的標準係絕對抑相對？

由於現代人知道各不同文明有不同的道德標準，由於現代工業文明所造成的急遽變革而導致倫理觀念相應的急遽變革，又由於現代人對情意的重視，乃造成一強烈的相對主義的潮流，認爲道德無放之四海而皆準的普遍有效的原則。儒家傳統著重綱常之觀念，是否於此完全不合時宜，成爲腐朽的陳跡？

但是考信於儒家的典籍，乃會發現，認爲儒家持倫理標準的絕對主義觀，實在是一種錯誤的見解。孔子被譽爲聖之時者，他的倫理觀是一重視具體情境的倫理觀（situational ethics）。此所以孔子著重相機指點，而不重視德目的形式定義。孟子更明白指出「執中無權猶執一也。」到了宋儒乃明白提出「理一分殊」的觀念。顯然傳統儒家是要在倫理的絕對主義與相對主義之間別求蹊徑。把儒家的倫理標準看作一成不變，或者曖昧模糊，是同樣地錯誤。西方漢學家每謂中國爲「儒教之國」，這易導致誤解，好像儒家的理想已在朝廷政制中實現。比較理想與事實便知道這種想法之無據。漢朝的統治者便已明白供認其實際爲「王覇雜用」，儒法兼採。儒家與統治之間是一種微妙的辯證關係，既互相依附，又互相制衡。「家天下」不必是儒者的最高理想。此處我們當明瞭理想與事實的分際。談儒家的終極道德理想不可與現實歷史的解析混爲一談。哲學者所關心的是儒者的規約道德理想究竟是甚麼性質，這是一種在理想層面上之釐清，不是一種在現實層面上的描述，或者通過經驗歸納的推概。這樣的重要理論分際不能不清楚地掌握到。

儒家的終極道德理想顯然是仁心之充斥、生生不已的不斷擴充與不斷實現。乃是在仁心的基礎上儒家才進一步談禮樂教化與政治措施。儒家倫理雖有一定的方向可循，但非泥古不化可言，宋儒程顥對這一問題已有深刻的反省。其言曰：「無古今，無治亂，如生民之理有窮，則聖王之法可改。後世能盡其道則大治，或用其偏則小治，此歷代彰灼著明之效也。苟或徒知泥古，而不能施之於今，姑欲徇名而遂廢其實，此則陋儒之見，何足以論治道哉！然儻謂今人之情，皆已異於古，先王之迹，不可復於今，趣便目前，不務高遠，則亦恐非大有爲之論，而未足以濟當今之極弊也。」（錄自《近思錄》卷九）

明道之言顯然主張古今之間既有連續性，也有差異性。絕對主義泥古，相對主義趨時，兩邊都有弊病。質言之，仁道政治的超越原則是不可動搖的，但仁道之實現却不能不照顧到現實的差異環境。抹煞一切差異而但削足就履，恰正是麻木不仁的表現。儒墨之間的爭論癥結也正在這裏。張載的「西銘」民胞物與的精神被疑爲墨者之說，伊川爲之辯護，其言曰：「橫渠立言誠有過者，乃在正蒙。西銘之書，推理以存義，擴前聖所未發，與孟子性善養氣之論同功，豈墨氏之比哉。西銘明理一而分殊，墨氏則二本而無分。分殊之蔽，私勝而失仁；無分之罪，兼愛而無義。

分立而推理一，以止私勝之流，仁之方也。無別而迷兼愛，以至於無父之極，義之賊也。子比而同之，過矣！且彼欲使人推而行之，本爲用也。反謂不及，不亦異乎？」（錄自《近思錄》卷二）儒家既重「理一」，也重「分殊」，由此可見。彼所求者是在絕對主義與相對主義之外另覓一第三條道路。

五、儒家倫理哲學觀在現代的意義

既了解儒家的仁心是一超越原則，不因時代地域之差別而改變，仁道的實現則牽涉到現實環境的了解，因時因地而轉移，則我們乃可以談儒家倫理觀在現代的意義。

表面上儒家的倫理已經過時，但過時的只是儒家的具體設施，而不是仁心的超越原則。今日在美國，外在條件可謂與傳統中國完全不同。然而當代富理想主義的知識分子在其國內則反貧窮，反種族歧視，反暴行，在國外則反侵略，反政治經濟之壟斷，反剝削，反强權政治，何一不是仁心的表現。內在吾人要克服內心所感受的無意義，外在吾人要克服作不義行爲的傾向，傳統「內聖外王」的理想的實際內容或實行的方術自不能不有極大的變動，但其規約原則的意義則與兩千年前並無大變化。「義」「利」之別的問題在今日還是一重要問題，不論在細節上吾人如何了解此二概念。故此由具體的內容說，傳統的綱常觀念，社會習俗，無一不可改，也無法令其不改。西化、工業化、現代化以後的中國不可能不與過去的中國有很大的差別，這是一件不爭的事實。但反社會的不平，反不仁之暴政則今日與昔日並無差別，於此而儒家對於「理一」之體會決不可棄。現代人之競趨「多元」「相對」思想而迷失中心可謂爲現代的疾病。

但對於現代有所批評非謂現代就無正面價值，而傳統之有價值非謂傳統之完全不能改易。我們得細心選取傳統中活着以及死去的成分。抱殘守缺者流每趨於過分衞護傳統。然如不能適應時代之要求則不但不符仁心生生的理想未能與時推移以擴展生命的潛能，抑且使得生命僵固，甚至在現實上無法生存下去。故此我們不能凡看到現代的一切不順眼的就作「人心不古、世風日下」的感慨。世間有變易與不易的成分，我們要在紊亂中維持自己寧靜的眼光，理出一條頭緒來。這樣才能不失自己內心的主宰；一方面維持仁心的超越原則，一方面反省仁道在現代實現的方式。如能了解理與勢之間不即不離之關係，始可以站在知識分子的立場對社會、現實作批評，而在有適當的機會時也可以對社會作積極正面的貢獻。孟子曰：「君子所過者化，所存者神，上下與天地同流。」如能對時代與永恆兩方面都有深刻的感受，則身處亂世，也自有一種自強不息的感受，樂天安命，爲一些理想的目標而奮鬭。

（人生第三十四卷第三、四期合刊，一九七一、二）

五、儒家宗教哲學的現代意義

一、引言

儒家是不是一個宗教？關於這個問題由來爭訟已多。如純粹以基督教的觀點立論，儒家顯然不足構成一個宗教。儒家既不崇信超自然的人格神，也不表現任何出世襟懷，無原罪觀念，無基督神格之信仰，也無特殊之教會組織以處理人之宗教事宜。西人每每把儒家當作一套倫理系統，只是着眼實際生活，缺少宗教形而上之欣趣。站在反宗教的立場，除了所作的價值判斷正好相反以外，對於中國文化本質的了解，與傳教士實相距不遠。如羅素遊華，即指出中國文化爲一實例，證明人無超自然上帝信仰與死後之永恒審判之畏懼，也可以享有高度的文明秩序與過合理的道德生活。

這樣看來，建立在儒家基礎的中國文明似乎是一支信仰無神、並澈底實行人文理想的文明。談儒家，每集中在談儒家的典章制度、倫理規範、社會組織。這樣的看法自不無它的道理，但不足以盡儒家的全幅義蘊。

論者指出，儒化家庭祭祖，歷代帝王祭天，似也不乏其宗教層面。吾人自當更進一步追問，由純哲學的觀點省察，依據儒家內在的義理結構，究竟是否必須肯定「超越」之存在。如果答案是肯定的，則儒家的祭祀固不止只有實用或教化的意義，而自有其深刻的宗教理趣。只不必一定能嵌進一般時興的宗教觀念以內而已！

事實上，西方「宗教」（religion）一辭包含歧義甚多。所謂原始宗教固不可與高度精神性之宗教混爲一談。但西方一般皆接受宗教爲對一神或多神之信仰之籠統定義，以爲這一定義可以適合於任何宗教。質之事實，大謬不然。東方之偉大宗教傳統竟無以神之問題爲中心者。佛教乃被稱爲「無神宗教」，顯然爲一弔詭。民初歐陽竟无先生講「佛法非宗教非哲學」，也卽以西式之宗教或哲學之觀念爲楷模。但却又似有代替西式宗教之作用。歷來西方傳教士在華之努力一般認爲徒勞無功，卽其明證。若中土三教全無宗教性格，則此一事實殆不可解。

由此可見，從宗教現象學之觀點，宗教之定義必須重新加以修正。這一問題之迫切性，尤以基教內部觀念之變革而更形彰著。十九世紀末無神論者尼采宣稱上帝死亡。今日神學家中竟有倡導「上帝死亡神學」（The Death of God Theology）之論。顯然由基教內部前衞思想家之要求，宗教之問題實不可與神或上帝之問題混爲一談。上帝儘可死亡，但宗教意義之問題則不會死亡。然則宗教之意義究竟何在？要答覆此一問題，首先必須揭棄傳統以神觀念爲中心之宗教定義。專就此點而論，東西雙方之精神要求似有合轍之勢。

如何尋求一全新之宗教觀念？在今日尚未成定論。當代基督教重要神學家田立克（Paul Tillich）之努力卽指向一新方向。田立克把宗教信仰重新定義爲人對「終極之關懷」(Ultimate Concern）。依田立克的見解，任何人無法避免終極關懷的問題。自然每個人有他自己不同的終極關懷。有的人終生爲名，有的人終生爲利，有的人終生爲國家民族。如果把終極關懷的對象界定爲神，那麼每個人都有他自己的神，雖然內容可以完全不同。在這個意義下，乃至一個無神論者也有他自己的神，雖然他的神可以完全不同於一般人所信仰的神。在這一意義下，人的宗教的祈嚮是普遍的，因爲每個人必有他自己的終極的關懷。問題在有怎樣的終極關懷才是眞正的終極關懷，這是田立克的「系統神學」所要致力解決的問題❶。

田立克的基本宗趣是要在一方面批評反宗教之宗教，諸如共產主義——田立克稱之爲 quasi-religions，另一方面則批評教會組織之偶像崇拜（idolatry），把相對有限之存在提升爲絕對無限之存在。田立克最後歸宗於基督之體證。基督之被釘十字架表示自我的渺小的生命之終結或否定，但却同時亦表示另一個充實的精神生命的實現或肯定。田立克的宗教體驗自有其深刻的

❶ 田立克之說見其 Dynamics of Faith 與 Systematic Theology。

意義，此處不擬對之加以詳細介紹與批評❷。本文所論限於對儒家哲學之宗教義蘊之釐清。依筆者之見，儒家自有其獨特的終極之關懷。只是其對「超越」的體驗與基督教所感受的不同，決不可與一般無神論的看法混為一談。儒家自有其義理結構，不能用西方現成的思想範疇加以範圍。下文首先闡明傳統儒家之宗教哲學義蘊，其次比觀傳統儒家與基督教之異同，最後列述當代西方宗教哲學與神學之新發展，以求在未來覓取彼此融通會合之道。此應預先聲明者，本文所論限於哲學義理之反省，社會民間宗教崇拜之實際情況，因與本題無關，故不加以論述❸。

二、傳統儒家之宗教哲學觀

中國古代也曾經過多神之信仰階段，似無疑義。關於古代宗教信仰之情況雖無定論，但商周以降一般之發展軌跡大體如下：商代的諸神之中特別崇信「帝」，顯為一人格神，並與祖先崇拜有極密切之關係。周興，帝之觀念雖仍有沿續，但遂漸減退而為「天」之觀念所取代❹。天仍然

❷ 我在博士論文中曾詳介田立克之說，並從儒家觀點給予詳細的批評。

❸ 關於這一方面可以參閱 C. K. Yang, Religion in Chinese Society.

❹ 參閱 D. Howard Smith, Chinese Religions. H. G. Creel 早年之作，對於此點頗有論述。

有人格意味，但象徵一客觀自然與道德秩序之主宰。天之意旨，決非隨意偶然。所謂「天命靡常」並不是說天命全無準則，而是警告人君不能任意胡爲，否則天命將會轉移有德。如是天之明命卽表現於人事，所謂「天視自我民視，天聽自我民聽」。這樣的人文主義並不隔絕於天。由這樣的起點乃發展出中國哲學之一特殊型態，與西方之宗教所走之途徑截然不同。西方之猶太教、基督教，乃至伊斯蘭教皆由多神而進至一神，彰顯超越之人格神觀念。宗教啓示與理性知識打成兩橛，造成一二元分割之心靈❺。中國則彰顯一直貫之圓教型態❻，其思想之規模實奠基於孔子，確定於孟子，完成於易庸，光大於宋明儒。本文卽循此線索作一簡單之儒家道統形成之歷史之回溯。

關於孔子之思想，自古以來卽有今古文學派之爭，究竟孔子是「託古改制」抑或「述而不作」？歷來學者，聚訟不息。依個人之見，孔子的思想決非無所傳承，但也有其創新，在舊觀念中注入新內容，並確定一些新的焦點，遂有其劃時代之意義。徵諸現存之文獻卽可知：如孔子之「君子」、「仁」等等之觀念卽爲顯著之例證。孔子對於傳統的宗教信仰的態度也可以作爲如是

❺ J seph Nee ham 之論文集 Within the Four Seas 卽曾對此二元之心靈極盡非難之辭。

❻ 牟宗三先生新著「心體與性體」於此點固論之已詳。

觀。從外表上看來，孔子似乎完全因襲傳統「天」之觀念。論語中所記孔子所謂「天生德於予」、「天喪予」、「天之將喪斯文也」，都好像仍以天為一具有意志之超越人格神。但案上下文，此皆孔子於危殆時機情感激動時所宣洩，於天之實義並無所窺。在論語中遠更重要的一段話是：「子曰：『予欲無言。』子貢曰：『子如不言，則小子何述焉？』子曰：『天何言哉！四時行焉！百物生焉！天何言哉！』」天既不言，人只能於流行之宇宙中體現天道。故超自然之啓示在儒家之規模中無地位。人由化跡以知天道流行之剛健不已！在此天之具備人格性與否根本不是一重要問題。孔子又言：「獲罪於天，無所禱也。」天實規範一確定的自然與道德秩序。此處孔子把一般人的請禱祈福的思想澈底掃蕩乾淨。由此也可以了解孔子對於鬼神的態度。孔子並未武斷否認鬼神之存在。但義利之分既明，人與鬼神之交道也必出之以義、出之以禮，此外不可復問。此所以孔子堅持「未知生，焉知死」、「未能事人，焉能事鬼」而拒絕討論怪力亂神。「人能弘道，非道弘人」，孔子確彰顯一澈底人文主義之精神。由殷人之尚鬼到周人的尚文，孔子在此是總結一個時代的發展而下開一個新的時代的風氣。

祭祀在孔子也產生了全新的意義。在論語中有一段極重要的話：「祭如在；祭神如神在。子曰：『吾不與祭，如不祭。』」如不能澈底澄清這一段話的意義，即不能了解孔子對於宗教的態度。這一段話裏面的幾個「如」字實在大有意趣。就孔子的立場，鬼神之靈的實際存在與否，根本就不是一個重要的問題，重要的乃是祭禮本身的意義。在祭禮之中，人恒表現出一種自然的虔敬的心情。問題在這樣的虔敬的心情的基礎何在？曾子曰：「愼終追遠，民德歸厚矣！」但如果純粹只由葬禮祭禮的社會效用來看問題，實未能鞭辟近裏，把握到問題的核心。孔子深信有所謂禮之本。論語中雖未明言禮之本究竟是什麼，但就孔子所謂：「人而不仁，如禮何？人而不仁，如樂何？」可見仁實爲禮樂敎化之精神。然則仁又究竟是什麼？孔子在論語中拒絕給予仁以一精確的形式定義。但大半部論語是在以具體的方式指陳仁的作用。就較淺的層次說，仁表現在愛人。就比較深刻的層次說，孔子曾謂：「克己復禮爲仁」。人之所以愛人，所以崇禮實因這些在人之生命之中有一自然之基礎。人必在此處克服自己非禮的傾向，才能顯發出內在道德生命的意義。如果我們借用田立克的術語，則我們可以謂人人內在有一「深層」（Depth Dimension）可以相應。對於此一「深層」之體現使我們首先肯定自己的生命的意義。而肯定自己生命之內在意義即不能不對自己的生命之源表示一種自然虔敬的心情。故此我們要祭祖——個體生命的泉源，祭天——一切生命的泉源。而祖先的神靈是否實際存在與天是否具備人格性皆爲不甚相干的問題。同時我們也有社會的擔負，所謂「己欲立而立人，己欲達而達人」。此處孔子的思想是有其一貫之道在內。至於論者指出孔子罕言性與天道也可以簡短答覆如下：蓋天道既具現於人道——仁道，乃不必捨近求遠，蓋澈底實現仁道即所以實現天道。再就孔子在川上之嘆「逝者如斯夫，不舍晝夜」，暨前引「天何言哉！四時行焉！百物生焉！」來看，孔子對天是有一種剛健流行的體驗。所謂「天行健，君子以自强不息。」如果這樣的斷述不即出自孔子本人之口，至少是孔子必然會贊許的辭句。

孔子雖奠定儒家思想的基礎，但要到孟子，正統儒家思想的義理結構才得以確定。孟子的性善論與孔子的思想完全合轍。但孔子雖着重道德修養，相信人性有巨大的可能性，對於性的問題却只是說：「性相近也，習相遠也。」對於天的觀念也不明朗透澈，可以容許作不同的解釋。到了孟子，義理的進路便完全清明，不能再作模稜兩可之論。

孟子的性善之論義理甚爲顯豁，雖然他的論證用類比之法，頗有不善巧處，但主要的思想線索却不應該因此而模糊。孟子所謂的性顯然決非指謂現在心理學家所謂本能。首先他闡明所謂「大體」「小體」的分別。並謂「耳目之官不思而蔽於物，物交物則引之而已矣。心之官則思，思則得之，不思則不得也。此天之所與我者。先立乎其大者，則其小者弗奪也。此爲大人而已矣。」人的異於禽獸者只是幾希，但善端却內在於每一個人。故曰：「惻隱之心，人皆有之。羞惡之心，人皆有之。恭敬之心，人皆有之。是非之心，人皆有之。惻隱之心，仁也。羞惡之心，義也。恭敬之心，禮也。是非之心，智也。仁義禮智，非由外鑠我也。我固有之也，弗思耳矣。故曰：求則得之，舍則失之。」以此，「學問之道無他，求其放心而已矣！」而聖人與常人之不同，只在他能充分實現自己內在的善端。至其極也則「君子所過者化，所存者神，上下與天地同流。」人若能够超越自己的小我，實現自己的大我，則必然得以體現「超越」的意義。孟子的宗教哲學清楚地表現在下一段話之中：「孟子曰：盡其心者，知其性也。知其性，則知天矣。存其心，養其性，所以事天也。殀壽不貳，修身以俟之，所以立命也。」人道之充分實現即所以體現天道，別無他途。在此一意義下故可以說：「反身而誠，樂莫大焉。」孟子之有進於孔子在他明白肯定性善，規定養心的程序，最後得以接上對天的體驗，此確定儒家正統思想之間架。

孟子以後儒家之天道觀經中庸、易傳而發揚光大。中庸開宗明義即斷定「天命之謂性。」又發揮誠之哲學曰：「唯天下至誠爲能盡其性。能盡其性則能盡人之性。能盡人之性則能盡物之性。能盡物之性，則可以贊天地之化育。可以贊天地之化育，則可以與天地參矣。」易傳則宣洩一生生創造之宇宙觀而肯定「天地之大德曰生。」「一陰一陽之謂道，繼之者善也，成之者性也，」宋明儒因受二氏刺激而更思入精微，輔以理氣之論，但其基本精神則與先秦儒初無二致。此間不及備論⑦。

⑦ 本文之宗旨不在詳徵博引以解析儒家之義理，關此可參閱牟宗三先生「心體與性體」，唐君毅先生「中國哲學原論原性篇」，本文重在比觀中西，而看儒家的宗教體驗在一般宗教現象學的應得地位。

總結儒家所開出之思想型態。由外而言，則宇宙有物有則，有一洪濛生力默運其間，成就一切存在價值。人得其秀而最靈，故可自覺參與造化歷程。由內而言，人如能超越自己的本能習染生命，自然有一新的精神生命相應，把握寂感眞幾，在體證上有不容疑者在。故中國的人文主義實表現一特殊型態。天人之間關係非一非二。天地無心以成化，而聖王則富深厚憂患意識，故不一。然人道之實現至其極，孟子所謂的「踐形」，則上下與天地同流，內在無所虧欠，故不二。由此可見，儒家之義理結構是表現一「超越」與「內在」之辯證關係。對「內在」之體驗不離「超越」，對「超越」之體驗也不離「內在」。以此「超越」之成分對儒家思想實有其內在必然性。無超越體驗相輔之，寡頭人文主義則必陷於現實功利之態度，或墮爲唯物之論。但依超越義理以變化氣質而體現人之存在價值，實爲儒家最重要之修養功夫，此處不可不加以明確之簡別。

三、傳統儒家與基督教觀點之比較

如果儒家也自有其獨特的關於超越之體驗，則不能說儒家只是一套俗世的倫理學，只是其終極關懷所表現之型態不同於基督教而已！本節就基督教之上帝、人、基督、恩寵與教會等基本觀念與儒家對較以確定此一傳統之意義。

（一）基督教崇信一超越之人格神。上帝由無而創造整個世界。創造主之性質不可以被創造之世間性質來加以測度。故基教之上帝誠如神學家巴特（Karl Barth）所言爲一「絕對之他在」（The Wholly Other）。但在另一方面，離開神意的了解卽不能够把握人類的歷史與命運的意義。不僅人之種族乃爲光耀上帝而創造，事實上上帝遣送人子耶穌進入歷史以救贖人性的沉淪。依基教之觀點，人類歷史之中心在於基督降世之一大事，人類之歷史也指向一確定之目標。但儒家有不同的關於超越與內在之辯證關係之體驗。自孔子以來，上帝之人格性卽非一重要之問題，超自然之啓示不能構成知識之泉源，在自然秩序之外也不需建立另一個超自然之秩序。但我們不能因此而謂儒家卽無關於超越或宗教之體驗。儒家相信宇宙有一洪濛生力不斷作用。而其活動決非盲觸，所謂「乾知大始，坤以簡能。」在宇宙演化之過程中，「乾道變化各正性命」，儒家實從未把人與天混爲一談，或完全抹煞二者之間之差別。只有天道才能範圍萬物、生生不已！非現實有所限定之人道所可比擬。但人心可通於天，而於有限體現無限之意義。

（二）基督教相信人爲上帝所創造的最高貴的生物，而稟賦之以自由意志。但人誤用此一自由以至陷於沉淪。其唯一的救贖之道卽是通過對於基督之信仰。儒家也認爲人爲萬物之靈。只人有自覺的能力以參天地之造化。但人之稟賦雖善，其實際却不免受到環境習染的牽累而未能脫穎而出。故儒家堅決否定原罪之說，而重道德修養與教化的力量。只要私欲一旦得以克除，卽可恢復其內在明德，俯仰無愧於天，而在當下實現其生命之意義。

（三）對於基督之信仰使基督徒有別於其他宗教之信衆。基督爲上帝所遣以爲人們贖罪。他犧牲了自己的生命以傳遞另一個世界的消息。基督同時具備人格以及神格，故對於他的信仰不可以爲任何其他信仰加以取代。然儒家決無法信仰這樣的神話以及聖經上所記載的奇蹟。孔子雖爲至聖先師，但不具備神格。在事實上固然是他決定了中國文化開展的方向，在理上則並無任何必然性。在他之前固有歷代聖王，在他之後又有無數賢哲相繼。中國之聖賢以身作則，可以爲萬民之楷模，不似基督之爲信仰之對象，在理上決無任何人可以與他同樣的偉大。當然從另一個角度觀察，孔子與基督間相似之處也很多，兩人均出身貧賤，有强烈使命感，生前一無所成，死後其所流傳之精神敎訓却分別宰制中西兩大文明。

（四）就基敎的觀點看，人的最大罪惡卽是驕傲（hubris），以爲人生可以自圓自足，而切斷其與超越之關連。故此自力救贖殆不可能。唯一的機會乃是揚棄自我，把自己完全託付給基督的信仰，依仗神恩而獲得終極解脫。此一傳統乃必須抑人智而重視超自然之啓示。但儒家在本質上却是一自力傳統。宇宙生源本作用於事事物物之中。人性本禀賦有無窮之可能性。但以習心作梗，順軀殼起念，乃爲氣禀所拘，而不能實現這樣的可能性。一旦幡然改悟，通過德性之自覺體悟與修養工夫，便能與宇宙生生之泉源滙而爲一。則個人形軀誠然有限，卽在此有限之中可以體現無限。所謂「廓然而大公，物來而順應。」個人之榮辱誠超之於度外。在此一義下，雖「堯舜之事亦只如太虛一點浮雲過目。」儒家之重人文並不與其對超越意義之體驗相違，兩下形成一辯證之關係，彼此實相反而相成也。

（五）基督既有所謂「凱撒歸於凱撒」之論，俗世與天國之嚮往不可混爲一談，故必須在世俗組織以外另有一超世俗之組織之設施：是卽爲教會之組織。教會在此義下乃成爲一弔詭；彼雖具備一超世之精神之目的，在實際上却成爲一支龐大的世俗之力量。儒家以其生生之形上體認未嘗在自然與超自然之間打成兩橛。故也無需額外之教會組織。君主祭天，家家戶戶祭祖，而祭祀本身卽爲禮之一部分。由於世俗與神聖之間無截然劃分，而論者乃謂中國之心靈無宗教之體認，此根本忽視中國對於超越之體認是以不同於西方之形式出之，故不可以謂之爲諦實之論。

由以上五端可見儒家雖不合乎西方傳統之宗教定義，然針對西方之宗教信仰，有其相當之信仰而固有其獨特之方式以表現其對超越與終極之關懷。比觀雙方的進路對人類如何表現其宗教情操之了解，自有其莫大的價值。

四、由西方現代神學與宗教哲學之發展以看儒家宗教哲學之現代義蘊

如果我們堅守傳統基督教與儒家對宗教體悟之分野則雙方雖有許多平行的體驗，却無彼此相交會合之可能。但二十世紀西方神學與宗教哲學之發展却展露意外的曙光以看到雙方彼此接近會

通的可能性。

（一）存在主義神學（Existentialist Theology）❽：西方神學自從巴特以後即在存在主義哲學找到新的靈感的泉源。存在主義不以為科學的客觀研究能夠把握比較深刻層次的人性眞理。祈克果斷定：「眞理即主體性。」（Truth is Subjectivity）。存在主義神學者相信只有個人作實存的抉擇，通過對基督的信仰才能夠克服生命的背謬或無意義性。儒家從來即是一追求安心立命之實存傳統。然德性之知自不可與見聞之知放在同一層次。我們無法通過感官的觀察或經驗的推概以建立道體。然而在另一方面儒家却體證到顯微無間、內外合一的實理。窮神以知化，這是儒者所宗奉的方法，爲此則不彰顯理性與信仰的衝突對立，然在日用行常之內可以體證到天理流行。窮理盡性以至於命，窮理之對比於量智之作用自表現一跳躍之過程，但決不可與背理混爲一談。故田立克所用之「理性之深層」（Depth of Reason）一辭實更切合於儒家之傳統。

（二）解消神話之企圖（Demythologization）❾：歐洲神學家蒲爾脫曼（Rudolf Bultmann）與其徒從企圖解消傳統基督信仰之神話性，而令基督的眞正消息大白於世。但田立

❽ 關此可參閱 John B. Cobb, Jr., Living Options in Protestant Theology，頁 199-226。

❾ 參同書，頁 227-258。

克曾指出要把基督教的神話徹底解消殆不可能⑩。但儒家自孔子以降爲一最缺乏神話色彩之傳統。漢儒雖有讖緯乃至迷信之說，然經王弼、宋明儒之努力而徹底解消殆盡。眞正的生命的神秘實內在於每一個人之中，孟子所謂「反身而誠，樂莫大焉。」何待乎外在的神話。聖王的啓廸實有待於個人內在之覺醒，此無可假借者也。

（三）宗教語言之象徵性（A Symbolic Approach to Religious Language）⑪：與上一潮流密切相關爲田立克之指出宗教語言之象徵性。田立克分別「記號」（signs）與「符號」（symbols），前者惟是約定俗成，故可任意替換。後者如基督之十字架，開啓人對另一精神眞理之了解。故信仰之語言爲符號象徵之語言，不可與一般經驗之語言混爲一談。儒家之正統每謂言不盡意，危微精一之體驗，自非一般語言所可窮盡。故必得善巧立言解意，切忌死在句下始可自得之也⑫。

⑩ 理由見 Tillich, Systematic Theology, Vol II., P. 152, Vol III., P.142。

⑪ 關於田立克之宗教符號之論，見其 Dynamics of Faith.

⑫ 田立克因受 W. Urban 之批評之影響，認爲「上帝爲存在本身。」（God is Being Itself.）爲唯一直敍之語句。從中國之傳統看，這是不必要的。人之語言限於符號象徵，並不表示人不能與實在接觸。詳細之批評見前提及之本人之博士論文。

（四）「上帝死亡之神學」（The Death of God Theology）⑬：美國近來有一批神學家深切感受到，傳統之神觀念實與現代人生不甚相干，故企圖把基督之消息與上帝之信仰兩下分開，而發展一套基督之無神論。在中國，神、上帝之問題自孔子以後從來不成爲重要之問題。儒家固不必待現代工業社會之發展而了解眞正之超越宗教消息固與一神秘超自然力量之干預自然行程之信仰了無相涉也。

（五）俗世化之要求（Secularization）⑭：今日世界與中世紀之世界之結構之有異固不待言，但尚有待於巴特之高弟龐谿天（Dietrich Bonhoeffer）斷然宣稱今日人之心智成熟：上帝造人，而意欲人可以不必依仗神之存在而肩挑起世界之責任。基督即爲此一運動之原始推動力。故此人不當再把世俗的世界與神聖的世界打成兩橛。超越的宗教消息即寓於俗世的日用行常之內。儒家從來無自然超自然兩面之分割，於此潮流自有會心之感受。但俗世化自非謂人徒追求俗世之物質享受，而爲把深刻的精神體證貫注入俗世之中，不在避世另求解脫也。

⑬ 關於此一潮流，可參閱 Thomas. J. J. Altizer and William Hamilton, Radical Theology and the Death of God。

⑭ 參 Bonhoeffer, Ethics, Letters and Papers from Prison。

（六）上帝生成之觀念（The Concept of God of Becoming）⑮：西方中世沿襲希臘傳統向以上帝爲永恒不變存有而超乎一切變化之上，但今日有神學家以懷德海之觀念爲宗而重新構想上帝爲一變化生生不已之歷程。此一觀念自與儒家生生之形上宇宙觀若合符節，彼此之可望融通固不在話下也。

總結以上所論，西方現代神學、宗教哲學所發展之新潮流頗有其與儒家思想之互相呼應處。這些潮流自不必爲抱殘守缺之基督教信徒所贊許，它們之間也不必互相同意。但當代既產生這樣的潮流，自指點一些傾向可以爲吾人咀嚼反省。吾人今日正當重新反省儒家思想之義理結構，也自可以由西方相應之思想發展之中吸取一些營養的資糧。

五、結　語

如果我們承認傳統宗教的定義必須更改，如果我們承認儒家在一新的思想間架之下也自可謂有其深刻的宗教哲學體驗與意趣，則對這一問題必須作一番全新的省察。

有趣的是中西間之接觸最先是通過傳教士，把儒家當作宗教而忽視其他之方面。以後轉而注

⑮ 這一潮流之健者爲 Charles Hartshorne, 與 Henry N. Wieman.

重儒家之典章制度、倫理規範、社會組織，乃漠視儒家之宗教性。今日似乎正好轉了一整個圓周，西方之宗教觀念既有急遽變革，而儒家在這一方面竟不可不謂有其重大的貢獻，對於這一層次的問題，學者必須重新加以愼重考慮。

西方今日之宗教日走下坡，以其傳統僵化未能適時適切之故。但現代人之物質生活雖因科學工藝之發展而進步，却在精神方面感受生命之無意義。年靑一代之縱情於性，借助於藥物不能不爲識者所憂。要解決此一問題則必須改造吾人的宗教觀念，而對於東西偉大宗教傳統之精神體驗的深刻反省是向未來走去必須經過的一個重大的階段。

（中國學人第一期，一九七〇、三月）

六、儒家生命情調的抉擇

人生在世，對於他所託身的宇宙和生活過的生命歷程，總不免會感到一種茫然之情，進而引發一種理智的好奇心，要對它追尋一套系統的解答。史悟崗《西青散記》自序中有曰：

「余初生時，怖夫天之乍明乍暗，家人曰，晝夜也；怪夫人之乍有乍無，曰，生死也；教余別星，曰孰箕斗，別禽，曰孰烏鵲，識所始也。生以長……間於紛紛混混時自提其神於太虛而俯之，覺明暗有無之乍乍者微可悲也。襁褓膳雌，家人曰，其子猶在，匍匐往視，雙雛睨余，守其母羽，輟膳以悲，悲所始也……」（轉引自方東美先生著《科學哲學與人生》頁十六）

人永恆地追求「境的認識」，「情的蘊發」，永恆地追求「自提其神於太虛而俯之」，便永恆地有哲學。但是人們所提出的解答却是變化萬端人言言殊，所以狄爾泰（W. Dilthey）才直標之曰：「人生之謎」（Riddle of Life）。人也許終究無法解明這一個基本的宇宙人生之謎，但是人們採取了不同的宇宙人生的看法的結果，却形成了種種不同的生命情調的表現，決定了未來生命發展的指向，所以值得我們仔細地思索，用理性去抉擇，下面就讓我們來簡略地介紹幾種不同的生命哲學的態度。

我們首先要介紹的是一種科學的生命哲學的態度。這與其說是一種明白說出來的看法，還不如說是許多科學家所隱然假定的一種態度。一個純粹科學家的惟一使命便是把自己生命投射出去研究眞理，因此這一種態度的一個基本特點便是它的非實用性。在古希臘時，哲學和科學的始祖泰利斯便曾爲了觀察天文而掉入水塘中。同時科學家們的追求又未必合乎當時一般道德的標準，伽利略就曾被控用一些神秘的鏡子照察星空窺探上天的奧秘。他們惟一關心的便是如何滿足他們理智的好奇心，至於他們研究出來的成果，對於人類倒底是福是禍，這不在他們的考慮範圍之內，他們只要問，什麼是事實，什麼是眞理。一個科學家的生命的意義不在乎他自己，而在乎他所研究的眞理的對象。是透過科學家的努力，我們才能夠去除人間許多的迷信，而終於接受了地動、進化等等的觀念。而奇怪的是，就是這一種非實用的科學心靈所創獲的科學知識才導致了我們的工業革命，而改變了人類整個實際生活的圖象。採取這一種態度的優點可以建立一個莊嚴的知識的宮殿，面臨着無垠的眞理的汪洋，人不覺自動地謙卑了。可是也正在同時，人生的自我中心也會在一瞬之下消失了。人不再是整個宇宙的主宰，他只是無窮的蒼穹之內的一點日益消失的微塵（Vanishing Point），人的生命終究不過是自然生命之一，他只是透過慘烈的生存競爭倖存下來的一種渺小卑微的生物而已！生命之中果眞有着什麼神聖的光輝麼？理性爲什麼不能夠給我們證明呢？我們要用科學去證明生命的意義，它惟一的命運便是讓宇宙終極的眞理在指縫之間滑了過去。

故此科學雖然可以滿足我們理智的欲求，却不能够應付我們情感的需要。於是，巴斯卡（Pascal）在《沉思錄》之內，在科學的「幾何精神」之外，另外找到了一種宗教的「精微精神」。理性誠然偉大却不足以肯定人類自身存在的價值。人在宇宙中正像是一株纖弱的思想的蘆葦，只要我們關閉起肉眼，停止人生的僭越的態度，自然而然那神聖的泉源就會在我們的細弱的靈魂之上產生一種微妙的反震。

於是我們看到，有人在科學的生命哲學態度之外，另外抉擇了一種宗教的生命哲學的態度。人生的意義，不在乎陷溺在狹隘的人生的內部去追求人生的意義，而要像舒萊爾馬赫（Schleiermacher）所教我們的一樣，在無窮的精神泉源面前匍伏屈膝。人必須放棄自己渺小的自我，才能够得回來一個眞正的自我。天地之大，實有無窮的奥秘，不是我們渺小的人類心靈所可以照察的，而正因爲我們錯誤地相信我們的心智可以解決一切問題，我們才犯下了僭越的滔天大罪，而被放逐到快樂的天堂之外。「我信它因爲它荒謬」。人類本來是居住在上帝爲我們安排的樂園之中，可是不幸人類的始祖亞當，因爲透過夏娃的緣故，受到撒旦所化的毒蛇的誘惑，偸吃了智慧之果，而失去了樂園，這乃變成了人們的「原罪」。只有等到上帝的兒子，我主耶穌降臨人間作爲救主，用他的無辜的鮮血灑滿了十字架，替人們做替罪的羔羊，人類才重新得以在耶穌耶裏找到光，找到路，找到安息，重新贏回了上帝的恩寵。懷疑與怙惡不悛之輩，却終必要在最後的審判之下受到他們應有的懲罰。

採取基督教的生命哲學的態度，可以教育人們在無窮的精神泉源面前謙卑，毅然超出了小我的考慮，而解放了人生許多潛在的德性，爲人類留下了許多高貴的靈魂的榜樣。然而除了澈底虔信的人以外，誰能够接受這一種關於罪惡的神話的解釋呢？

我們要深一步往人性自身內部去挖掘罪惡的根源，於是我們自然而然又轉移到另一種東方的佛教的生命的態度了。我們看到那懷抱着悲天憫人宏願的釋迦牟尼，竟不惜斬斷了親情，拋棄了宮廷榮華富貴的生活，隱入到幽暗的森林中去苦行修，最後終於在畢鉢羅樹之下悟道。他澈悟世間的一切實在不外因緣造作湊合而成，由於妄執才產生了生命，產生了世界的實體，因而墜入輪廻苦海之中，忍受無窮業報。他逆觀順觀十二因緣，而洞察「老死」以「生」爲本，又復此「生」，因於「有」，「有」從「取」生，「取」從「愛」生，「愛」從「受」生，「受」從「觸」生，「觸」從「六入」生，「六入」從「名色」生，「名色」從「識」生，「識」從「行」生，「行」從「無明」生。一切人生罪惡宇宙的創生，都可以追溯到人性之中這一項根源的無明。但是無明究竟不是人的眞如法性，所以只有斬斷無明這一項根源的執著，而後無明滅則行滅，以至老死滅，最後達於涅槃究竟第一義諦。人生必須種善因，結善緣，悲智雙運，最後乃能成佛，以成就無上正等正覺爲止歸，而人生的一切貪嗔癡毒解，斷除「煩惱」「所知」二障，而把握住人生最後的眞義。

佛教在世界上爲一種最偉大的自力解脫宗教，正好像基督教在世界上爲一種最偉大的他力解脫宗教一樣。它由悲憫人生的苦狀起，發菩提心，最後得到一種清明朗照的透徹智慧，却不願意獨享這一智慧而本着「我不入地獄，誰入地獄」的精神去努力拯救衆生，洞見不可不謂極深，襟懷不可不謂極大。但是佛家畢竟仍然是一種根深的宗教意識，而擧凡宗教的第一假定必把塵世當作一個罪惡淵藪、錯誤根源。然而我們却正在這個自然世界之中看到嬰兒的純潔，自然生命的欣欣向榮，我們的生命哲學態度爲何一定要自限於悲慘一面的觀點，而不能够另覓蹊徑呢？

由這一個觀點看來，中國的道家哲學乃又挖掘了生命哲學的另一角度。他們既不承認「原罪」，也不承認「無明」。以老子的理論爲例，「道常無名樸」，宇宙的誕生的根源可以溯返之於一個幽渺的本體，「天地萬物生於有，有生於無。」「道生一，一生二，二生三，三生萬物。」這一個幽渺的本體的勢用是無窮的，故曰「有物混成，先天地生，寂兮寥兮，獨立而不改，周行而不殆，可以爲天下母」，但是宇宙繼續演生的結果，却由無名變成了有名，周流變成了限定，而慢慢產生了一切痛苦的根源。故此老氏乃以爲一切自然的是好的，一切後發人爲的却是壞的，於是「五色令人目盲，五音令人耳聾，五味令人口爽，馳騁畋獵，令人心發狂。……」

人要解脫這一切人爲的痛苦，便該回返過去自然的狀態，廢仁棄義，重新變成一個無知無欲的嬰孩，以體會無之大用，而徹底了解「生而不有，爲而不恃」的大道理，甚至人世，一切國家組織也當廢棄，最好的理想便是「小國寡民，鷄犬相聞，老死不相往來。」惟有在「無爲」的狀態之中才能够得到「無不爲」的大用。莊子和老子一樣要解脫一切人爲的束縛，最後終於超越一切相對的境界，標示一個博大眞人的理想，個人的生命乃與宇宙的生命同於大通，這時人才能够徹底自由，而不慮遭受一切環境的迫害與侵凌。

道家這一種沖虛恬淡自由的境界是令人嚮往的，它對今日深陷於利欲膠盆中掙扎苦惱的人性尤其是一服對症的良藥。但是生命爲什麼只有源頭才是淸淨的呢？它的發展爲什麼一定要造成墮落的根源呢？而況人生旣已變得如此複雜，它還可能走回頭路麼？故此道家的否定文化也乃自陷於一種悲觀虛無消極厭世的氣氛之中，竟與一般宗教出世否定現實人生的態度相差無幾了。

因而擧世惟一眞能肯定生命價値的乃只能訴之於儒家生命哲學的態度了。一面對着蒼茫的宇宙決不能够無所感懷，所以孔子在川上才會嘆曰：「逝者如斯夫，不舍晝夜」。可是這決不是一種生命失却主宰以後的悲嘆，而是面對於一個剛健流行純亦不已的宇宙秩序的至高無上的禮讚。在這一個宇宙之內，永遠沒有一刻停滯的時機，四時代序，萬物滋生，不斷地向前進展，而它的結果却又不會造成任何雜亂和紛擾。易經的彖傳說：「大哉乾元，萬物資始，乃統天，雲行雨施，品物流行，大明終始，六位時成，時乘六龍以御天，乾道變化，各正性命，保合太和，乃利貞，首出庶物，萬物咸寧。至哉坤元，萬物資生，乃順承天，坤厚載物，德合無疆，含弘光大，品物咸亨。」所以儒家的生命觀乃是標示了一種生生之不容已以仁德爲本向前發展的生命價値歷程，而不似道家的滯寂。其次，再看生活在這一個宇宙裏面的人也是「得其秀而最靈」。他只要認清自己內心之中善良之本性，把自己的良知良能充其極充其量的實現出來，便可以上下與天地同流，這便是孟子哲學告示給吾人的眞精神。而個人的實現又復永遠不會只止於一種純個人的境地，「己立立人，己達達人」，人從「明明德」開始，透過「親民」，以「止於至善」，終於可以嚮往宇宙之中一個理想大同社會的建樹。到了宋儒，雖然有所謂義理之性與氣質之性的分別，比較偏重道德方面嚴格的訓練而略有別於先秦的原始儒家，可是他們終極的境界依然是一片天機的境界，「廓然而大公，物來而順應。」王弼品評聖人和老子的境界說，聖人者體無者也，這確是的論。如果人眞能够做到「從心所欲不逾矩」「君子無入而不自得」的境地，他又何須乎像老氏的兢兢自守，一味執着於一個「無」的光禿蕭索的境界呢？

所以惟有抉擇儒家的生命哲學觀點，我們才能够澈底了解，儘管從生物一面看來，我們的人生誠然是渺小的，正像希臘人所說的不過是一種「無毛而二足」的動物而已！可是這樣一個渺小的人却可以上體天德，與天地精神相往來，生命之中果能不再存留一絲渣滓，那麽自然而然「仰不愧於天，俯不怍於人」，人生的歷程便是如此，像逝水一樣地向前奔流，我們還要到那裏去另外找尋它的生命的意義呢？那種神奇的青鳥實在早已把握在我們自己的手中啊！

所以總結下來，我們可以說，從純粹理性（Pure Resaon）的立場着眼，也許的確像康德所說的一樣，對於形而上的終極的問題沒法找到一種確定的答案，可是一個人生活却不能一刻缺少一種生命的指標。從實踐理性（Practical Reason）的觀點着眼，各種不同的生命哲學即是我們向前活下去的基本假定，而採取了不同的生命觀點的結果，便有不同的實際的生命歷程與之相應。一個人如果相信「頭可斷而志不可屈」的人生觀，他便會立志去做史可法、文天祥。另一個人如果相信人生之中根本沒有眞假只有利害，那麼他也許會去貪汚謀利，損人利己，而內心不感到任何愧怍。

以此我們乃是在這一種生命的處境之下抉擇了儒家的人生觀。我們不是說儒家的觀點便已十全十美，而是說，惟有儒家的生命觀是一種眞正開倣的生命觀。它肯定只要由生命的可能性去擴充至其盡至其極，它便可以上通神明（宗教）下通物質（科學）之德，而指向於一個十全十美的理想境地走去。就是基於這個角度的考慮，我們衷心願意大家來抉擇儒家的生命哲學與儒家的生命情調；同時也正由於同一個理由，我們相信，儒家的生命哲學終將在世界的哲學領域之內永遠佔重要的一席地。

（孔孟月刊第一卷第十期，一九六三、六）

第二部分

一、哲學與時代

哲學，從一方面說，好像是一門最不切實際的學問，從另一方面說，又好像和時代的問題有着密切不可分割的關連。哲學和時代這一個大題目決不是本文可以盡其萬一的，這裏只不過是藉此機會對這個大題目發抒一點個人的感想罷了。

首先說，時代氣氛的改變，這是一件不由自己的事情。從我這幾年游學異域的經驗就明顯地感覺到，近年來的留學生和數十年前的留學生氣味是完全不同了。單由質和量的客觀條件分析，二者的差別已是十分明顯。在清末民初能夠出國留學的，不是官費資送出國，就是家庭有比較特殊的背景；但是現在出國却已經變成一件最普遍的事情，只要能籌得出一筆旅費和最低限度的生活費，便紛紛往外跑。現在留學生的心境尤其和數十年前留學生的心境有絕大的差異。大多數的留學生，尤其學理工科的，在校孜孜兀兀，但求未來能夠在異邦得到一枝之棲，也就心滿意足了；比較敏感的就不免有一種噬心的「疏離」(alienated) 之感。但是數十年前，不論留歐美，留日本，不論在國外求學逗留多少年，雖然也不免一時感受到異國的落寞，却絕少作長期居留之計，祖國的現狀雖然黑暗，但總有一天要回去獻一獻身手，把所學貢獻給社會。也可以說，從前的留學生是「向心的」，現在的留學生是「離心的」。這並不是由於現在的中國人在基本性格上有了什麼變化，只不過是當前的特殊環境所造成的結果而已！這才形成所謂大量人才外流這麼一幕慘劇。

世界哲學在這數十年間也有了急遽的變化。十九世紀的哲學精神氣氛大體是「上揚」的。黑格爾的形而上的進化論，高標「存在即理性」；達爾文的生物進化論雖然一方面破壞了傳統基督教的世界觀，另一方面進化的涵義決不只是負面的，它很容易和啓蒙的諸理想結合在一起；乃至實證主義的孔德也有着强烈的人道主義理想主義的色彩。二十世紀初年，繼承十九世紀之餘風，哲學的園地遍開奇花異草爭奇鬪艷，咸信新的科學與新的哲學之結合，會帶來一個全新的局面。但是二次大戰以後，這種樂觀的氣氛似乎蕩然無存。玄想哲學的發展似乎跡近尾聲，代之而興的是一種局面偏狹的分析哲學，根本把價值的問題放逐在哲學的領域之外；唯一可與分析哲學相頡頏的乃是昌盛於歐陸的存在主義，但這是一種「焦慮」(anxiety) 的哲學，乃至「絕望」的哲學。總而言之，近年來哲學的氣氛似乎是「下墜的」，卑之無甚高論。哲學的批評落入平淺的溝壑，缺乏振奮人心的功效。

再專以我留學的美國爲例。美國迄今立國還不到二百年歷史，學院哲學的建立更不過是近數十年的事。美國人固然力爭上游，一方面雖然承認歐洲文化的優越，另一方面也力圖建立「美國文學」、「美國哲學」、「美國……」的傳統。但是弔詭的是，美國哲學好像甫經過它的壯年期，已經往着它的暮年期走去。據費許 (Max Fisch) 列舉美國六位古典哲學家爲：皮爾士 (C.S. Peirce)、詹姆士 (William James)、杜威 (John Dewey)、羅一士 (Josiah Royce)、桑他雅那（George Santayana）、與懷德海（A. N. Whitehead)。在這六人之中，實在只有前三位實用主義者才是眞正能够代表美國的哲學；後面三人之中，羅一士雖是純正美產，可是他遊學歐陸，所立唯心論系統也是繼承德國精神主義的大傳統，米德 (George Herbert Mead) 爲文就說，杜威是適合美國國情的哲學家，而羅一士則否；桑他雅那是西班牙血統，雖然從小他就生長在波士頓，出身於哈佛，但在精神上他寧歸屬於歐洲，所以到晚年才退隱於羅馬，終老斯土；懷德海根本是英國人，六十歲以後才移植到美國，所以美國只不過是幸運而收獲了已成熟的果子而已！在三位實用主義者之中，詹姆士雖是美國第一位享譽國際的哲學家，但杜威則被公認爲美國最偉大的哲學家殆無疑義。杜威旣長壽而又多產，生命力與思考力都豐富，他提供了一整套的世界觀人生觀，幾乎沒有一個哲學領域沒有經他涉獵過。但是杜威以後，我們已沒法子再找尋到足以代表美國的全面性的哲學家或思想家。有人甚至毫不遲疑地下最後的判斷：杜威乃是美國最後的哲學家。但是今天美國的哲學家弔詭地說，從某一個角度觀察，乃是空前的昌盛。據巴姆（A. Bahm）編的美國哲學者名冊（Directory，去年出版）統計，全美現有哲學教師在五千人以上，這是在數十年前所沒法夢想的一個驚人數字；而且這一個數字，由於美國近年來通才教育的發展與需要，新興學府的林立，正在不斷被突破之中，頒發博士學位的哲學系的數目也在與時並增，不再是少數幾個長春藤校獨佔壟斷的時期了。由於博士論文數量的增多，坊間出版書籍的增多，今天撰寫博士論文是一件比較不容易的事了，這是由於需要照顧的方面太多的緣故。故此比較缺乏才氣的博士研究生往往挑選很偏很狹的一個題目，下手比較容易。學力的注重是一件普遍的事情，寫一篇短文往往就有脚註好幾十。這和數十年前的學風也是完全不同了。在數十年前，譬如在新實在論與批判實在論論爭的時代，每個人都可以馳騁玄思，自由發抒己見；又譬如杜威的著作就很少有脚註，有之也往往是自己註自己；這樣的情形在今天就比較地不許可了。學術標準的嚴格伴同而來的無可諱言地是創造力量的減弱。美國的學院歷史雖短，但漸漸已形成一種經院的作風。哲學觀念發皇的盛世好像已經過去，現在正進入一個講究分析注重細節爬梳的時代。故此去年加州大學教授費斯（Feuss）在紐約時報雜誌發表論文大聲疾呼活的哲學精神的死亡。他大肆攻擊美國當前流行的「日常語言分析」（Ordinary Language Analysis）的哲學的路數，和博士學位的規定學程。舉極端的例子來說，像尼采、祈克果等一輩天才人物，把他們的著作來充當博士論文，一定慘遭拒絕！因爲這些書並沒有上百數的脚註；反過來第二手的以研究尼采、祈克果的某一丁點的問題爲事的論文反而幫助不少才智平平之士得到博士學位。「費士的診斷是，現在美國已經沒有了活的哲學精神。」平情而論，美國的博士學程所培養的寧爲哲學教師，而不是創造的哲學家。這樣的學程自有它的優點，也有它的限制。它的優點是有訓練的過程，缺點是相對地一體拉平，不容許過分特殊的發展。大學裏一般批評精神的增進是可喜的現象。同時人數的衆多與學力的注重使得很多已死的學問的題目又復活了過來。做學問的工具方面的便利越來越多，可以諮詢的專家學者越來越衆，乃至美國人之缺乏悠久的文化也變成了一個巨大的優點，他們一體同仁地尊重異文化的造就，這從近年來美國人之日益注重歐陸的現象學、存在主義諸潮流，以及東方哲學的趨勢可以得到明證。當然無可諱言美國人也有很強烈的實用動機，不過學問研究的結果是獨立於它的實用動機的，所以也不能光由美國人的實用動機一概而論。但是這樣的學制仍然有它根本的限制所在，譬如它不能够培養出具有高瞻遠矚全面性的思想家。事實上美國當前注重分析哲學的潮流根本就阻止人往這一個方向發展。在參加美國的哲學會和人聊天的時候最容易遇到的一個問題便是：你的行在那一方面？在這樣的風氣之下當然是難以培養出「博學而無所成名」的人物了。而哲學由於專業化的結束，淪爲社會職業之一，它和社會實際的問題不必痛癢相干，尤其缺乏哲學的使命感，蘇格拉底所代表的古典哲學家的典型，在今日可謂是絕跡了。把中國當前哲學的風氣和美國的風氣比較，就可以看出二者之間的差別了。中國學者重思想，有文化擔負，上焉者從大處着眼，下焉者流於空疏；美國的哲學者重學力，有學術的好奇心，上焉者學力充實，下焉者流於瑣碎。也可以說中國比較缺乏學統，而美國比較缺乏道統，一個擔負有餘而學問不足，一個是學問有餘而擔負不足。這當然不是偶然的現象。中國數十年來戰亂流離，根本缺乏客觀做學問的環境，卓然有所立的思想家莫不以文化的擔負爲己任；反過來美國本土從未受戰亂之禍，挾工業先進資源豐富的優勝，過着太平盛世的生活，學問的環境佳善，但體驗上却不能與飽經憂患的東方人相比，從中國的哲學氣氛一下子轉入到美國的哲學氣氛，一方面感覺到有許多地方需要學習需要訓練，另一方面却不能不感覺到周遭的氣氛平淺無甚高緻，遠不如處在多難的東方，體驗比較深切，哲學的理想與文化未來的發展不可分割，內在的生命反而覺得豐富多彩，不甘心在美國的大平原中一體平舖下去。

現在讓我們轉回頭來看中國哲學在近數十年來的發展。平心而論，由清末到如今，從嚴復、梁啓超開始，無論是對西方哲學的介紹或者是中國自己哲學的創造，都已經有了長足的進步。在極端醜惡的現實壓迫下，中國人對西方學術、思想的吸納，態度是近乎虔敬的。但是比較說來，中國人畢竟是境界型態的哲學心態，西方人則是實有型態的哲學心態。西方的哲學系統，首先必要被翻譯成爲境界的意義結構，才容易進入中國人的心中。這樣的情形，連講實用主義的胡適與實證主義的殷海光也並不能例外。中國當然可以產生純西方心態的專家學者，但在時代的現狀之下，他們是脫離於主流之外，其影響可謂微乎其微。以此中國哲學之可愛，在它有一種熱情的激越、文化擔負的親切感；但是它的缺點則容易造成學力的荒疏，對客觀問題的研究深度不够，而熱情激昂，多情感反應，容易形成偏頗的價値判斷。這樣的情形到今天仍然如是，即使標榜「是什麼就是什麼」的人也不能够例外。在這篇短文中當然沒法子進入對任何實質問題的探討，而只能對某一些基本態度的問題加以若干檢討。

首先論我們對於傳統應持的態度。近幾十年來的知識分子可謂對傳統是持一種「愛之欲其生、惡之欲其死」的熱情激昂態度。不是看到傳統的一部分缺點，就斷言傳統一無價値，應當一體加以銷毁；就是看到傳統的一部分優點，就斷言傳統的優美卓絕，應當一體加以衞護。這便是所謂的極端的傳統派與西化派的主張，兩者都是非常偏頗的論斷。但這並不是說，折衷的態度便無條件地比這兩種態度爲高。實用的折衷態度頭痛醫頭，脚痛醫脚，不探究源流，不深明底蘊，只從浮面的觀察着手，胡亂湊合，結果是未蒙其利，先受其害。理想的折衷態度陳義雖高，但乏實現之道。擷取東西文化的精華冶諸一爐，結果是形成一種烏托邦的幻想，渺茫難以實現。近人漸漸覺悟到，要談理想，必先了解現實，要談改造中國文化，必先了解中國文化的病根，而後對症下藥，才有眞正可觀的成效。這樣的態度脚踏實地，深知全盤西化之不可能也無必要，也深知泥古之輩的違反世界潮流，未來中國文化必須走上工業化、民主、自由、科學、現代化的道路。這樣的態度當然比較合理，然而它對傳統的評價畢竟以負面爲多，它之所以顧及傳統，只是因爲它無法一下子摔脫現實的傳統的包裹，並不是因爲它在理想上對傳統有任何正面的評價。但是這樣的態度仍然是不足够的，因爲它的終極目標，畢竟是與傳統的疏離，而不是再造(reconstruct)傳統，在現代的基礎上重新闡發傳統的光輝。而與傳統的徹底疏離，必造成精神力量的減弱。事實上，傳統決不全是好的，所以必得經過去蕪存精的手續，但傳統也決不全是壞的，文化中有許多萬古常新的因素，我們有責任去保存祖先已經開創出來的智慧，不能任之失墜。這當然不是一件容易做到的事情，理論與實際的因素糾纏在一起，選擇的眼光大是不易。譬如我們決不能把孔制的遺毒與原始儒家的精神糾纏在一起。讀孔孟之書，把握到他們眞正的精神，決不能把他們的學說當作擁護專制政體壓抑科學精神的寶典。無可諱言孔孟的精神有它的本質的限制，但這是在提煉出他們的哲學精神智慧以後更上一層樓的批評，決不是無條件的咀咒、徹底銷毁自己的歷史文化的遺產的否定態度。孔孟如孔孟的樣子在今日是已過時的東西。可是我們不當忘掉它們曾經是活的東西。如果我們能够判別出在它們之中死去的成分和活着的成分，本着現代的精神加以澈底再造，並以最現代的方式表達出來，這樣的傳統與現代的結合才能够眞正發皇。這很明顯的決不是無條件的復古，這種新的綜合之是否能够成立要經過現時代的嚴厲的考驗，一旦如果通得過考驗，則這不僅是中國人本身的造就，同時也是中國人站在中國的本位對於世界的貢獻。如果現代人類文化學的原理不謬的話，如果疏離於傳統與拘泥於傳統的態度同樣造成不可欲的效果的話，那麼我們在上面提出的那種態度或者應該是比較合理的一種態度了。

其次論對時代的態度。人類的歷史永遠在變遷之中，沒有一天能夠停留，也沒有一個人能夠不受他時代因素的約制，所以對時代的問題也是應當正視。大體人們對於時代，也可採取兩種完全不同的態度：一種是拒的態度，一種是迎的態度。有些人天性排拒新的東西，舉凡新的一切，他都表示懷疑不信任，而常常有着「人心不古，世風日下」的感嘆，這樣的人生於時代之中，而活於時代之外，也可以說是一種不合時宜的人物。又有些人天性喜好新的東西，只要是時式立刻加以追隨，惟恐慢了一步，舉凡舊的一切一概加以鄙棄，這樣的人阿諛時好，隨波逐流，是一種順時而趨的人物。事實上這兩種態度都不能夠算是理性的態度。一方面我們決不可以泥古，新的時代提供給我們新的情勢新的需要，所以我們必須要去追求新的眞理，就是舊的眞理也必須經過新的時勢的印證而有了新的表徵，在這一方面我們必須與時推移，接迎新的時代，不能夠做守舊的頑固分子。但在另一方面我們也不能夠毫無選擇地順着時式走。時式並不全是好的東西，有的僅是一時時尚，不旋踵而敗亡。如果我們自己不能立一番標準，只是東風吹來向東倒，西風吹來向西倒，根本缺乏自己的判斷，這樣的人生也就很可哀了。他們並不能夠眞正把握時代創造的精華，只不過是毫無深度羨慕摩登享受的假時髦分子罷了。故此我們一方面要培植自己抉擇的眼光，擇善固執，如果自己把握的的確是眞理，那就不惜和時式立於互相反對的地位；另一方面我們又要培植自己開放的心靈，不能夠把自己囚禁在習慣的機括中，不能夠接受人生新的經驗新的教訓。總之人是獨特的歷史的生物。我們從歷史中汲取智慧正是爲了我們在現時代能夠往前走。故此我們對傳統的態度和對時代的態度是互相關連的。傳統與時代不必是互相反對的因素，只有在一種扭曲的形式之下，二者才分崩離析。試想傳統那裏有一定的內容呢？它永遠在不斷積累的過程中，今天的現代到明天便已成爲傳統，故此眞正重要的問題是在培養智慧、樹立標準，而不在乎它是時代或傳統，這些只不過是讓我們去把握世界人生眞相的一些機緣或條件罷了。

再次讓我們論對異文化的態度。其實基本的原則與我們對時代對傳統的態度是完全一樣的。我們既不必因羨慕異國的文化而鄙棄自己的文化，也不必因爲尊崇自己的文化而排拒異國的文化。我們首先應當虛心平氣，客觀地研究異國文化的觀念理想與社會架構，這樣我們才能擴大自己的眼界。以同情的眼光去欣賞別人的價值標準，則彼此之間容易和平相處，不至於因爲誤解而產生許多無謂的糾紛。更進一步乃能以批評的眼光取捨，採入可以適合自己國情而在自己的文化所未開出的文化造就，這竟可以成爲促進自己的文化改造的一個極大的原動力。如果世間諸文化能夠彼此和平相處，互相觀摩，交換彼此解決現實問題的情報，交流彼此精神文化的造就，那麼世界上的問題也就可以減少多多了。這當然是一個難以企及的理想，但並不因此它就不被當作一個理想，而理想之所以爲理想正因爲它之尚未實現，只是我們不當誤把理想的規約原理當作現實的構成原理罷了！

故此哲學在一方面乃是本身時代的反影，在另一方面在它之內又涵有超越時代的契機。故此哲學家思入幽玄，「並不爲了創造玄妙的幻影。一方面它釐定理想，構築現實的理想」；另一方面它默識現實，促進理想的現實。哲學家自然也可以下錯誤的判斷，但是至少他自覺地避免下錯誤的判斷，抑且勇於改錯，追求眞理，才可以作時代觀念的急先鋒。從理想上說，哲學家要培養普遍的智慧以及具體的智慧。通過前者他可以發現普遍的眞理，通過後者，他可以發現普遍眞理實現在某一特殊時代文化背景的道路。二者缺一不可。缺乏了前者則不能了解世界文化的歸趨，缺乏了後者則不能够使正確的文化理想實現於當前的環境。數十年前的美國留學生返國位居要津者比比皆是，而不能有卓著的成效，缺乏這兩方面的智慧似乎是最基本的原因。

但是哲學家畢竟是觀念人，並不是行動人。觀念必須與行動結合，才能產生眞正深厚的現實影響。觀念人的理論構造不嫌繁演，而後可以建立不拔的理論基礎。行動人的指導原則却要簡單絜要，才能有彈性以應付複雜的現實情勢。但是有彈性決不就是背棄原則，這裡才可看出眞正的政治家與所謂政客的差別。爲政不在多言，顧力行如何耳！仁道之爲仁道，必定有仁道的理想與行仁的方術才行。徒託空言無益，所謂人民的眼睛是雪亮的是也。今天中國面臨一個亙古未有的大危機大時代，中國現實的前途如何，一時誰都難以預料。要之，未來的希望存在於健康的理想與行動的新結合。

（東方雜誌復刊第一卷第一期，一九六七、七）

二、理想與現實

理想和現實是人生兩個主要的構成分。但是有的人偏重理想的因素，有的人偏重現實的因素，這樣的差別同時反映在偉大的哲學家的思想之中。譬如同在儒家的傳統中，孟子道性善，言必稱堯舜，可以說是富於理想主義的精神；反過來荀子說性惡，主張法後王，可以說是富於現實主義的情調。徵諸希臘，情形也然。柏拉圖、亞里士多德師弟兩人所表現出來的生命情調迥然有異。前者游心玄遠，一心祈嚮形上世界永恆的理型；後者注目現實，全神貫注現實世界貞常的法式。如果選取極端的例證來對比，不同哲學家的趣味可以判隔天壤。康德的道德規條是要把人當作目的，而不可當作手段，他的理想是要在塵世上建立一個目的王國。反過來，馬基亞維理的道德規條正好宣揚相反的教理，他要把人當作手段，而不可當作目的，統治者的惟一目的就是要鞏固現實的政權。這些哲學家的境界容有高下的差別，分別言之戚理，持之有故。細按彼此理據的差別，正在於各人對於理想與現實的成分價值抉擇的不同。其實平心靜氣，試加省察，便可以發現，這兩個成分實在應該彼此互相補足，不可偏廢，否則便有偏失的危險。

首先，我們可以指出，理想如果完全脫離現實便不成其為理想。譬如說，宗教是最理想非現世性的，可是在另一方面它也最現實最人間性。耶穌在傳佈福音時曾明白地宣說：「我的王國不在這個世界之上。」然而正是這一支非現世性的宗教征服了塵世權力象徵的羅馬帝國以及驃悍强橫的蠻族，把整個龐大的歐洲化爲一個單一的基督王國（Christendom）。一直到今日，世界上還存在着無數現實教會組織，在現世之中表現巨大的力量。由此可見，理想的力量之一，正在於它能轉化現實。如果空靈的理想僅止於空靈的理想，則它根本就不成爲其爲理想，而只是飄蕩無根的夢幻。甚至就是連「無所爲而爲」的藝術創作，也不失其爲具備有陶冶性情或者激發情感的現實功效。

再從另一方面觀察，我們似乎也可以指出，現實如果完全脫離理想便也不成其爲現實。人的生活與禽獸的生活最大的區別在，禽獸生活乃局限於當下的現實，而無關心於脫離當下的現實。然而正是因此，禽獸無法享受人類的豐富的現實生活。據生物學者的觀察，禽獸純依本能而生活，人却能够反本能而生活。在接受到外界刺激以後，人並不像禽獸那樣直接反應於刺激，而需要有一段延宕的時間，以資反省，以資計劃。由此可見，正是因爲有更大的理想，才有更大的現實。徒注目於眼前的現實，有時連眼前的現實都保不住，正猶如俗語所說的：「人無遠慮，必有近憂。」所以人卽使是爲了現實考慮的原因，也不能不注重理想的因素。

由此可見，理想與現實相互依存，眞實的理想必誕生於深刻的現實的體認，而眞切的對現實的關心也必促使人提供高遠的理想。理想與現實互相刺激，共同推移，這當然是人們夢寐以求的至善境地。然而在事實上，由現實誕生的理想往往未必能實現於現實；由理想所促成的現實也往往未必能刺激更進一步的理想，譬如由法國大革命所造成的慘狀便是最明顯之一例。在實際上，理想的因素和現實的因素雖然互相依存，但也互相抗拒，二者之間存在着一種微妙的關係。只有在理想與現實互相和諧的時候，二者才能密切配合，相得益彰；否則兩方面分崩離析，如果不加以合理的調整，便容易陷入危殆的境地。

由於人不全知，所以人要吸取經驗，投射理想。理想有時不能切合現實發展的情況，所以吾人必須隨時修改自己的理想，使其富有彈性，方才有在現實中實現的可能性。又由於人不全能，有時卽使有正確的理想，也由於現實的種種阻礙，而無法實現。在這種情形之下，則人不應該悲觀絕望，或者隨波逐流，而應該貞固自己的理想，與不利的環境奮鬪，不應該輕易與現實妥協，這才能够發揮「理想改造現實」的功能。以此，人要在理想的成分與現實的成分之間掌握一條適當的中道，大非易事。但在原則上，我們一方面要反對抱殘守缺、泥古不化的頑固保守主義，他們的罪惡在於罔顧經驗之中有創新的成分。另一方面我們又要反對隨波逐流，沒有原則的現實勢利主義，這樣的人根本看不到人生之中有所謂崇高的理想。而這兩種人共同的缺陷在他們看不到歷史大流的歸趨。正由於他們看不到歷史大流的歸趨，所以抱殘守缺者流不能與時推移，墨守成法，而不免於淪亡的命運；而隨波逐流之輩目光如豆，把一時的榮辱當作千秋的事業，所以不免曲學阿世之譏，而投機取巧的結果，往往求榮反辱，萬刼不復。

正由於我們注目於歷史的大流來看理想與現實的因素，故此我們決不輕視現實的因素，沒有了現實的基石，理想根本無落脚處，但在另一面，我們也決不以一時的成敗論英雄，歷史的發展有它的順逆的契機，惟有確立原則，以應時艱，有一天才能打開歷史向上創發的道路。

把握到以上這樣的綱領，用以批評現實歷史，我們便可發現，一時在現實上的得意，並不能夠保證未來的成功。世界上有多少古文明的中心，到如今已淪爲歷史的陳跡。就在半個世紀以前，强盛的大英帝國還在誇耀，有日落的時候，沒有大英帝國的旗幟不飄揚在空中的時候。但是曾幾何時，英國已經淪爲跡近美國的附庸，外强中乾，欲振乏力，勉强保持其二三流强國的地位。今日世界權力政治自爲美蘇對峙之局，但是誰又能預料到百年以後情形是怎樣。反過來，現在在現實上無地位的，如果有適當的條件與機緣，加上超特的努力，也未始不可以在未來佔一席重要的地位。

用同樣的觀點以衡量國史，從一方面說殊少有令人感到安慰之處。中國文化過去五千年光輝的歷史，並不能够保證中國在未來不陷於淪亡的命運。中國眼前的現實似乎是無望的。自從中國與現代西方接觸，中國文化優越的幻夢被澈底粉碎以後，我們所經歷的是，淸廷腐敗，軍閥割據，北伐統一以後似乎透露一線曙光，接着又是日寇侵凌，抗戰勝利以後又似乎透露一線曙光，可是政府貪汚無能，最後共黨竊據大陸，完全揚棄中國傳統標示的理想，一意孤行，最近鬧紅衞兵、文化大革命，內部的權力鬬爭傾軋，衍爲暴民運動，眞有不知伊於胡底之勢。但是在另一方面我們却不應絕望，正在此時，我們需要利用機會痛下決心，澈底澄清我們自己的理想，到未來遭逢重要現實轉變的契機時，才能迎風而上，不致自失南針，步驟錯亂，又把中國未來的歷史導入歧途。

然而要談對中國未來的理想，却不能不從對中國過去的傳統的檢討談起。這並不是要我們去作鑽故紙堆式的討論，而是因爲，對傳統的態度是決定我們現代化的方向的一個重要的因素。譬如說，日本與中國的現代化的過程不同的一個主要原因正在於日本與中國對傳統的態度全然不同。在外表上，日本與中國的情形好像相同，二者的門戶同是在列强的壓力下被動打開的，然而一旦既經打開以後，兩方面的行爲反應却是完全不同。日本的文化傳統自古就是習慣於從外來的文化汲取滋養，故此現代文化的潮流對他們來說是極其自然的。反過來，中國的文化對於外來的文化長久地居於一種優勢的地位，不知不覺形成一種「天朝模型的世界觀」。中國過去的政治，誠然也有汚濁的時候，故此有所謂一治一亂的循環歷史觀。但是中國人並沒有認爲傳統政制本身，或者中國文化本身，有什麼內在本質性的缺陷。中國人大多數驕傲於他們的傳統文化，是純粹由於外來的壓力，使他們感到一種屈辱感；而在另一方面，也使使他們對傳統產生一種過當的反激，如五四時代對傳統所採取的一種徹底否定的態度。反過來，日本人並沒有把負累完全放在傳統身上，所以現代化和日本化的潮流儘可以並行不背，抑且相得益彰。二次戰後的日本在今日，不只工業化的水準在世界達到第一流的地步，而且蓄意宏揚國粹，這和今日中國人的情形恰好形成一個强烈的對比。除了種族依舊，今日的中國人大概是最不中國化了。尤其是浮在上層的知識分子家庭，洋化到一種令人可笑的地步，却偏偏缺少西方家庭那種勤勞、奮鬪、自主的精神。而無論對於傳統的盲從，或者反激，這都是一些過當的情感的反應的態度，經不起理性的推敲。故此我們今天最需要的是一種對於傳統的平情的反省。

從我們的態度看來，一個文化能够持續五千年而不墜，必有它可以持存的因素，需要我們將之凸顯出來。而在另一方面，一個文化遭逢到中國近百年來的那些內在以及外在的災禍，不能不說是在極嚴重的一種病態之中，我們也得要去嘗試找出這些病態的根由，而不能滿足於一些似是而非的理論。讓我們先從這一點說起。譬如說，一個民族主義者可能把這一切災禍追源到近三百年來滿清異族統制的罪惡。清代的知識分子不是被轉化成為科舉制度下的官僚，就是被扭曲成為專門注重考據校勘的淸客；而對外的閉關則造成與西方現代文明的隔絕，以至造成近百年來文化脫序的現象。如果中國在清代能够保持盛唐時代的强大的國勢與開放的心靈狀態，則中國現代化的過程決不會像它現在的樣子。事實上情形也很可能是這樣。但是這樣的論調是站在中國文化的容受性立論，如果轉從中國文化的創造性立言，我們却不能不承認，中國文化的創造精神是有其自然傾向上的限制。懷德海在《科學與近代世界》之中指出，我們不能懷疑個別的中國人有研究科學的能力，可是我們也不能相信，聽任中國文化在孤立的情形下自由發展，會產生出現代科學的成就來。現代科學的誕生假設着一種獨特的科學的心態，這在傳統中國文化的架局之內是缺乏的。總之，現代科學在歐洲的誕生是許多獨特歷史文化條件幅湊的結果；即使其他文化在後來也可向之學步，乃至迎頭趕上，我們仍然不能否認，歐洲是現代科學與工業的發祥地。中國過去在科學與工藝的發展固然也曾進展到相當的程度，可是與近三百年來歐洲所發展的科學工業相比，却無法放在同一層次之上。故此有些國粹派爲了要證明民族文化的偉大，一定要把現代科學思想追回到易經去找根據，這是一件沒有意義的事。因爲在易經之中，充其量只有前科學（Proto-Science）思想的種子，並不卽是現代科學本身的成就，二者之間有着明顯的性質上的差別。而且只有我們在意識上坦誠地肯認這樣的差別，我們才能夠眞正虛心向別人學習，而不至於果於自劃，自食其果。

質言之，中國傳統文化有它的限制和缺陷，這是一件不應該諱言的事實。除了科學不夠發達以外，譬如說，中國過去政治未能發展出一套可行的民主政治制度，中國人也未能培養現代的企業精神。當然在這裏我們主旨並不是要討論中國傳統文化的缺陷和限制，這是一個待爭論的大問題。我的目的是要指出，至少在態度上我們必須承認中國文化在現實上有缺點有限制，這才使我們感到有需要去重新構築對未來的理想，不必尋覓藉口，文過飾非，以至使得我們文化的動力陷於僵固狀態，停滯不進。

但是我們批評傳統的目的不是爲了委過古人，我們的祖先遺留給我們最豐富的精神遺產，我們實在沒有什麼可抱怨的，問題在我們這些子孫能不能重振中國文化的創造力，以立脚於現實，以貢奉於世界。故此批評傳統，我們要分辨出，什麼是傳統裏面已經死去的成分，什麼是傳統裏面應當復活的成分。以此我們也不能贊成對傳統採取一種完全汚蔑的態度。尤其在今日，對於反傳統的批評派以及其同路人，我們不能不細加省察，因爲這一派在當前不僅形成一個國際性的漢學集團，抑且有着某種程度的政策釐訂與現實決定的力量。

在這裏我們將以費正清（John F. Fairbank）爲例，他雖然不能代表每一個當前西方漢學家的意見，但不能否認，他是代表着當前的一個顯學的潮流。費正清無疑是一個道地的中國通，有着一般中國通所具備的共同的優點與缺點。過去他曾在大陸主持過美國新聞處，對中國與中國人有所謂第一手的經驗；以後他轉入學術界主持哈佛的漢學研究，他的專門是在清史與現代史，他的著作如《美國與中國》，與前美駐日大使賴世和（Reischauer）合著的《東亞史》：《大傳統》與《大轉變》兩大卷，都有着廣汎的讀者與巨大的影響力。他曾多次出席美國參議院作證，在電視上作公開討論、據說對於甘迺廸政府時代的中國政策有相當決定性的影響力。《東亞史》從純學術的觀點來說不能算是一部壞書，他們把社會學的觀點運用到歷史的了解之上也有不少新穎的了解，對於細節方面的問題，這有待於專家學者的討論，在本文我們所關心的只限於費正清據以立論的背後觀念型態。

用最簡單的語言來陳述，費正清的一些中心觀念可以表達如下：他完全承認中國在古代與中世紀時代的文化遠超乎西方的文化以上，甚至在元代，歐洲的工業和技術還遠趕不上中國所到達的程度，馬哥孛羅的記載除去少數的誇大以外，大體上是可信的事實。西方在啓蒙時代幾乎展開了一種對中國的崇拜 (The Cihnese Cult)，哲學家伏爾泰是崇拜中國教的大教士 (High Priest)，中國的政體被誇讚爲最完善的君主開明專制政體，乾隆皇帝幾乎被描寫成爲柏拉圖式的哲王。然而在近兩個世紀之中，中國却痛苦地經歷到全盤價值體系的倒塌以及儒教之國 (The Confucian State) 的崩潰。正是因爲中國的傳統在過去的成功與無往不利造成了中國現代人的負擔。對於傳統的固執使得中國人在心理上排拒現代化的過程，此所以中國現代化的速度比日本慢得多。照費正清的了解，中國的傳統是崇尚人治而不崇尚法治，重權威而不重個人價値，重古典教育而不重科學教育，傳統的外交政策則是採取「以夷制夷」的策略等。這些都是在中國過去運用成功而在今日失利的因素。費正清當然承認在近幾十年間中國的社會經歷了最急遽的變革，但是他仍然認爲歷史是連續的，許多傳統的觀念型態仍然可以發現在國民政府與共黨的領導人物之上。故此費正清站在史家的立場雖然拒絕作文化系統的價值高下評判，但是他却隱隱然假定，中國的傳統觀念型態在今日早已不合時宜，而在另一方面，他又主張美國人對中國人應有歷史的了解，儘管中國人的那一套根本不合時宜，但是在現實上既有那麼些中國人受到他們的傳統歷史文化的約制，所以中國社會的現實與西方社會的現實不相同，這並不足爲怪。既然中國人習於極權統治的政治方式，故此美國的政策應該承認大陸上的現實，不能依據浪漫的幻想或主觀的願望而有所輕舉妄動，這便是費正清觀點在現實方面的應用。

在本文中我不能够對費正清的論點一一加以分析，指出其中所蘊涵的眞實的成分與虛假的成分。我只想指出最中心的一點：費正清由現實的社會制度與權力政治立論，以此他對中國文化的精神理想全無了解。譬如說，他毫不批評地接受了「儒教之國」的用語，並顯然用之以指涉中國的朝代政體，可是他絲毫不覺察這種政體與原始儒家的理想並無必然關係。不要說儒家素來把禪讓的理想放在家天下之上，孔子本人有生之年並未曾見到秦漢大一統的局面，春秋的政治原則乃是「興滅國，繼絕世」，這是一種封建多元的局面。周室的統治者只曾稱王，未曾稱帝。中國之成爲一個統一的大帝國是秦始皇時法家的傑作，與儒家並無直接的關係。漢武帝時號稱「罷黜百家，獨崇儒術」，可是漢代開國並沒有很濃厚的儒家的氣氛。漢初的統治明明兼採道家的柔術以及法家的霸術。事實上儒家的哲學雖然常常被統治者利用爲招牌，眞正的儒者很少有掌握現實政權的機會。我們只知道朱子的哲學是策試的官學，可是我們却忘懷了朱子在生前所受的政治迫害，甚至在死時都沒有多少人敢去爲他送葬。費正清顯然隱指，在儒教之國的道德標準，對朝廷是愚忠，對家主是愚孝。然而我們在儒家的經典上從來找不到這種奴式道德的根據。相反，在《論語》中我們讀到的是：「君君、臣臣、父父、子子。」這很難解釋成爲一種單方面的順從關係。孟子尤其出名在其民本思想。很明顯地，歷史上的儒家是未曾發展出完成的民主政制思想，可是同樣明顯的是，儒家的民本政治理想和專制政體的現實並不一定有任何必然的關係。由此可見，所謂「儒教之國」是一個多麼不稱理的名詞。然而費正清輩却隱指，經過現代西方的衝擊，傳統儒家的格局，如專制政體、大家庭制度等等都命定地要倒塌了。如果我們接受費正清這樣的解釋，則中國儒家的功是在過去，它具備有安定社會的力量；其罪是在現在，它缺乏應付社會劇變的功能；如果不能拋棄中國傳統儒家的包袱，則中國現代化的過程便不能夠完成。站在中國人的立場，不錯，今天我們要現代化的確有許多傳統的包袱要拋棄，但是我們是不是要完全拋棄傳統儒家的理想，這却是一個值得商榷的大問題，而問題的癥結當然存在於：究竟什麼是傳統儒家的理想。站在我們的立場，傳統儒家的精神理想總括來說是仁，分目來說，是仁愛，是忠信，是禮義，是和平……。我絲毫看不出爲何這些理想是過時的。當然我們必須要承認這些理想是難以實現的，徒託空言旣無濟於事，所以看起來甚至令人覺得迂腐。但是我們同時也必須淸楚地認知，如果這些理想不能安立，如果人們徒滿足於權力政治的玩弄，則世界的問題終不能够得到解決。在這裏我決不是要宣揚任何烏托邦的幻想，我所要建立的論點是，高遠的理想必須要依靠强大的實力做後盾才能够得到實現的機會，但是我們決不能因爲現實的動機犧牲這些崇高的理想。譬如說，中國的傳統崇尙道義，崇尙和平，這決不是因爲我們力有未逮，不足以侵略鄰國所採取的口實，我們所要維持的是一項原則性的崇高理想。從這一個觀點着眼，中國文化的理想自有其不可棄的所在。故此中國過去的帝制可以淘汰，大家庭的制度可以淘汰，差不多先生或阿Q的精神可以淘汰，可是中國人爲萬世開太平的襟懷不可以淘汰，敬老尊賢、重視人文教育精神不可以淘汰。無疑問地從這一個觀點看來，傳統中國文化之中有許多成分可以簡擇出來對治今日世界過分注重現實注重功利的偏失。羅素在訪問中國以後，雖然一方面感到中國的科學不够發達，另一方面也不能不强烈地感到中國文化所蘊涵的智慧。中國在世界上是最缺乏「宗教的不寬容」的民族，他們不需要超自然的祈嚮也可以過安樂的生活，不需要最後審判的威脅也可以建立倫理的規範。從某方面說，中國的文化的確表現了一種極其健康的生命情調。這不僅是對中國人有意義的文化遺產，也是對世界有意義的文化遺產，不能輕易任之失墜。如果我們無條件接受現實勢利主義的觀點，認爲中國傳統儒家的理想已經全盤倒塌，這樣才眞有讓中國文化的精神命脈陷於斬斷的危險。由此可見，在這樣的情形下，我們必須擔負起自己的十字架，與惡濁的現實勢力奮鬪，不輕易放棄自己的理想。堅忍以待變，這才是我們應持的惟一合理的態度。

由以上的討論，明顯地我們要拒絕無條件的頑固派，理想必須要有彈性以迎合現代的潮流；同時我們也要拒絕無條件的趨時派，理想必須要有貞固的力量以抗拒時式的誘惑。故此我們看不出極端的傳統派有什麼吸引力，也看不出全盤的西化派有什麼充分的理據。但是這也不使我們成爲一種調和的折衷派。我們並不能把完全異質的價值隨意揉合一起，便能解決問題。我們是要通過理性的抉擇，才能決定：什麼要取，什麼要捨；什麼是傳統之中有價值的成分，什麼現實之中有價值的成分；而後才能把兩方面整合起來形成一整套的觀念，當作我們行動的南針；而且隨時準備吸取未來的經驗、未來的教訓，以培養成一種自由開放的心靈。正因爲我們注重理想，所以我們決不拘限於眼前的現實；同時又因爲我們注重現實，所以我們不滿足於空懸的理想，而要努力改造現實的環境，以利於理想的實現。我們的企圖也許成功，也許失敗，但是至少我們自己知道我們要做些什麼，不至於成爲純粹時勢的犧牲品。

有了以上的討論做依據，我們乃可以指出，在當前的情勢，爲中國未來描繪一幅光明的美景是無意義的，因爲這可能是永遠不會實現的幻夢；但是在另一方面把中國的未來前途認作無望也同樣是無意義的。我們當前需要做的唯一急務是，如何通過現實以釐訂我們的理想，又如何改造現實來趨近我們的理想。

在今日，無論在海外，在臺港，許多人感到苦悶無聊，有無可着力的感嘆，在今日這種特殊的情形下，這種幻滅的感覺是容易令人想像的，但却不能够令人同意。即使我們在現實上全無憑藉，我們還是有許多實際工作可做。譬如如果我是一個學經濟的，便不應該只是以謀一枝之棲或者讀一個學位爲滿足。我需要了解最新的經濟學的原理。我需要了解一個現代工業社會經濟型態的性質是什麼，它所實際遭逢的限制與可能遭逢的限制是什麼。我需要知道今日所謂開發國家與落後國家的經濟行爲的差別是什麼，一個落後國家要轉成一個開發國家，它所可能遭逢的普遍的問題是什麼，特殊的問題是什麼，也就是說，一條普遍的經濟原則運用到某一個特殊社會所能適用的程度是什麼，因爲人的經濟行爲不像物質原子的物理行爲那樣齊一，而要受到政治結構、社會結構、觀念型態結構種種因素的影響。誠然我未必對這些問題都能得到解答，或者即使得到解答也未必遇到現實的機緣把我們的理想付諸實現。但是我們仍有責任不斷澄清自己的理想，而設法製造現實的機緣促使這些理想得到可能的實現。以上這一切也許只是一些虛懸的理想的討論，但我希望，有一天這些理想的觀念終會轉成現實的力量。

（東方雜誌復刊第一卷第九期，一九六八、三）

三、海外中華知識分子的文化認同與再造

一、文化認同問題討論的必要性

爲甚麼要從文化認同談起，而不從政治認同談起呢？這當然是有理由的，飄零在海外忍受疏離之苦，所得到的唯一的補償，就是不必接受國內任何不合理的現實政權的統治。沒有一個中國人不希望國內的政治清明上軌道，但如國內的政治不理想，甚或與自己根本所崇信的原則相違的話，至少有消極地否定與之認同的自由，不比居住在國內的人根本沒有選擇的餘地。但是文化的認同問題却是任何旅居在海外的中國人所沒法子逃避的。一個對於中國文化無知無識的房東老太婆看到你的黑頭髮黃皮膚也就免不了要追問許多有關你的文化而令你困惑的問題。如果一般人尚且無法逃避這樣的問題，更何況對於文化問題有着最深切的關心的知識分子。同時政治認同的問題追到最後，就不免會碰到個人所取的最後價值標準與文化理想的問題，也可以說政治認同是浮在外面一層的問題，往深處追就不免會碰到文化認同的問題。由此可見，對於這一個問題作有深度的理性的思考是一件刻不容緩的事。

二、中國現代對於傳統文化所取的否定的態度

談文化問題是在談一個極複雜極不容易處理的題目。中國文化的內容包羅至廣，我們究竟應該從何處談起呢？譬如說，當前大陸的共產黨的統治，我們不能不說，這也是中國文化在現代的一種表現，然而我們知道，要談中國文化決不能由共產黨談起，因爲這樣做不只不足以了解中國文化的特質，乃至不足以了解中國共產黨的歷史的成因以及其特殊的性格。所以要談中國文化還是得由傳統文化談起，但甚麼是傳統文化呢？這裏也牽涉到許多麻煩的大問題，譬如人類學家就分辨出所謂精神文化的「大傳統」與風俗習慣的「小傳統」，爲了方便起見，我們在這裏只能涉及精神文化的大傳統。然而即便是對於中國文化精神的大傳統，關於其闡釋也是人言言殊、莫衷一是。但是我們不能因爲有這樣的困難，就認爲討論文化的問題沒有意義。事實上儘管各人的評價解釋容或有很大的差異，在細節的了解上彼此不同意，但總有一些材料與看法是多少共許的。我們不妨在起點假定大家對於傳統文化有某種籠統的共同的了解，而後在進一步的討論中，慢慢把概念內容確定，每個人提出他個人的獨特的看法，以及解釋與評價。

中國文化自秦漢一統以來一直自認爲自己是世界上最優越的文化，這種情形一直繼續到清朝末年受到西方文化大規模的衝擊以至於徹底屈辱爲止。胡林翼看到西方的船堅炮利而至於吐血墜

馬是一個極其富於象徵性的故事，古老的中國文化無論有多少優點，似乎無法禁受得起現代西方文化的挑激。自此以往，對於傳統文化的崇敬直如山泥傾瀉，直瀉而下，不知伊於胡底之境。到了民初的五四運動，似已宣判了傳統中國文化的死刑。五四對於傳統的了解認定它是「吃人的禮教」，反科學，反民主，反進步，所以必須澈底加以打倒，一切應當改向西方學步。疑古的風尙的意識型態的根源是要摵低並打擊傳統主義的威權。剋就反傳統這一點來說，共產黨是繼承了五四精神的，却又更要向前翻進了一步，此中的關鍵則在他們提出了所謂階段的觀點。共產黨不只把傳統的統治者當作剝削階級，即知識分子也當作一特殊利益集團看待，與無產階級大衆立於對立的地位。傳統的秩序必須把它整個翻轉過來。他們打擊傳統的家族、孝道的觀念，而代之以對組織的效忠。但他們對於倡導民主自由的西化派也無好感，而把他們當作洋奴買辦，甚或資本主義帝國主義的走狗看待。

總之，從五四到現在，雖然有少數有識之士，從不同的觀點重新奮定傳統的意義與價値，現實上的主流則是反傳統的。這種反傳統的態度當然是受到西方的衝擊的影響，不只科學民主自由人權的觀念，即馬列主義共產主義的思想，似乎莫不是西方的泊來品，此中留學生的觀念傳播與鼓吹的影響是不可以忽視的。總括起來說，早期中國的留學生，無論是留日留歐留俄，莫不是百分之一百的民族主義者，但他們對於傳統却是採取一種否定而非認同的態度。

三、晚近西方思潮對於中國傳統文化的重新估價

由上所論，現代中國人對於傳統文化的否定態度很明顯地是受到西方的影響。然而有趣的是，近年來西方對於傳統中國文化的態度却有了極其顯著的變化：由極端輕視轉變成爲一種十分尊崇的態度。所以有這樣的轉變的原因很多；或者是由於近年來對中國的研究有長足的進展而對中國的無知慢慢減少了的緣故，或者是由於現代西方文化觸礁而自覺地去虛心探討東方所提出的其他的可能性的緣故，或者也是由於其他比較現實的原因的緣故。不論它究竟是甚麼原因，總之西方對於傳統中國文化的估價是完全變了。考西方對於中國文化的態度實經過好幾度的轉折。例如費正清著《東亞：近代的轉變》即曾指出西方在啓蒙時代對於中國文化的態度可謂推崇備至，那時只有西方中國化的問題，而絕無所謂中國西化的問題。可是到十九世紀西方帝國殖民主義東侵的時候，中國乃被視爲落後、貧窮、無知、乃至野蠻的國家，這種態度一直持續到二十世紀以迄於近時爲止。五四以來的中國知識分子，對傳統的評價也正是受到這一種西方的態度的影響，所不同的只是有着一種深刻的恥辱的感覺而已！然而經歷兩次大戰之後，西方人如今對於自己的所謂進步的文明發生了根本的懷疑，這才得以轉過來重新發現東方文化的價值。剋就中國而言，他們所認識到的至少可以舉出以下五項爲言。首先，西方的科學與宗教似乎均無法當下肯定人生

的意義與價值，可是中國文化的主流，却沒有超越與內在的分裂與隔離，當下即是，此所以禪宗對於現代西方人有着無比的吸引力，而西方人也漸漸注意到中國的所謂內聖之學。其次，西方的科學工業經濟的發展都以無窮的擴展與人定勝天或戡天役物的精神爲基設，然而現代西方人却强烈地意識到環境污染的問題，無節制地消費自然的資源將使人類陷於自絕之境。故此新與的生態學重新提出與自然和諧的觀念，但天人合一恰正是傳統中國哲學的根本基設，於是過了時的中國哲學又變成了西方最進步最時髦的玩意。第三，不只在世界人生觀與科學的基設方面，即在制度設施方面，傳統中國文化也有其不可磨滅的重要成就。傳統西方在政治上的領袖是僧侶與貴族，但在中國，僧人絕少干政，歷史上可謂沒有大規模的宗教戰爭；而君位雖則世襲，行政却操縱在讀書人的手中，通過獨立的考試制度取士；這樣的制度現在已爲全世界所普遍採用。如果大規模的行政系統終無法避免的話，則中國實行了幾千年的官僚政治當可以提供給我們一些極可寶貴的參考資料與經驗。第四，西方人過分看重競爭的觀念，不只造成神經緊張，而且鼓勵弱肉强食，合法化一些殘酷不人道的措施。但中國的文化最着重人情味，這樣的人生比較令人眷戀，不似西方人那樣無窮向外追逐，永無止境，而人生的目的終究不知爲了甚麼。最後，西方人的勤勞，不是爲了被逼，就是爲了取得成果或報酬，過享樂生活。但在中國文化，勤勞却被視爲一種內在本具的價值。中國人的習性勤勞是舉世聞名的美德，而中國龐大的人力資源被證明爲一股不可侮的力量。

以上所舉出的五端自不云窮盡，但已可見一斑。傳統的世界觀對於今日的中國人還有沒有意義，或者現在的中國人還能不能維持那些傳統的美德，這些都不是相干於我們當前的問題。總之有識的西方人感覺到自己文化有着種種缺點，於是通過對於中國文化的客觀研究，發現了這一文化的種種優點。但這決不是說中國文化就沒有任何缺點，或者西方文化就沒有任何優點，而只是說，西方素來以爲不成問題的一些基設現在成了問題，而另外的可能性却可以在中國文化的研究之下找到啓示，西方人在當前確實是在誠心誠意地追求、發掘東方的智慧，極力突破自己的傳統的藩籬。

可是有趣的是，正當西方人在極力肯定我們傳統文化的價值時，中國人自己却在極力否定自己傳統的價值。剋就上面的五點而論，共產黨對之莫不持一種否定的態度。內聖之學被認爲宗教一類的鴉片煙；對於自然，大陸如今正極力鼓吹人定勝天、愚公移山的思想；對於知識分子，共產黨視之爲剝削階級、特權階級，由鳴放到文革幾乎把黨內外的知識分子的聲音完全壓制了下去，如今只剩下一些裝飾品作爲點綴之用；傳統的人情味被當作溫情主義的包袱，如今大陸上所極力提倡的是階級鬪爭；惟一爲共產黨所肯定並强調的是勤勞，可是勤勞的目標却轉變成爲了組織，爲了國家，也爲了一個捉摸不到的無窮遠的大同社會的憧憬。東西方態度這一種主客易位的情勢是一個十分耐人尋味的現象。

連帶着對於傳統中國文化的態度的改變，西方特別是美國對於當前共產黨在大陸的統治態度也完全改變了。這不是說美國人當前會贊成中共的意識型態，而只是說，美國人現在追求一種比較現實主義的外交，承認美國的方式不一定適合於其他的國家，承認美國無法做所謂的世界警察，承認亞洲人的問題應由亞洲人自己來解決而盡量避免外力的干涉。是在這一些前提的修改之下，美國用一種新的眼光來看中共，其現實外交政策的改變即戲劇化地表現在尼克遜的訪華。而有趣的是，共產黨處處在反傳統，但美國的終於承認中共的現實的一個根本的理由正在美國人之相信中共的成功在其符合中國文化的傳統，只有奠基在接受權威主義的傳統因素之上，毛澤東思想之定於一尊，以及說服方法的運用，才能夠攪得成功。這當然不是說，現代中國這一套只不過是傳統的變形，與傳統沒有本質上的差別，而只是說，脫離了傳統，現在中國的一切根本不能想像。既然中國的傳統一直與西方不同，中國的現在當然也有權利與西方的現在不同。中國的傳統有優美的文化，中國的民族是優秀的民族，中國人應該有權去追求他們自己的答案。這一套推理的邏輯是不是對，這是另一回事。而中共的現實之終於得到美國的承認，間接甚至直接與西方對於中國傳統的重新估價有關，也可說是受到中國過去的偉大傳統之賜，這或者不是極力反傳統的中共領袖們所預料得到的罷！

四、當前海外中華知識分子對於中國文化的檢討所應取的態度

有了以上的討論做背景，現在我們可以進入本題，討論海外中華知識分子對於中國文化的認同與再造問題。

首先我們要指出，今日旅居海外的中華知識分子，所面臨的問題與五四時代完全不同了。那個時代的留學生在海外拚命吸收新知，爲的是回國去從事改造的工作，國內的政治現實誠然黑暗，但這更激發起留學生的萬丈雄心，要回國去和强大的惡勢力鬪上一鬪。那時人所感覺的問題是傳統的包袱太大了，所以千方百計地打擊傳統，必定要將之摧殘殆盡而後快，似乎必如此才有希望打出一條新路。今日的留學生學成以後，不回國竟變成在事實上最大的可能性。這並不證明今日的人比較不愛國，而只證明他們所面臨的處境與昔年完全不同。卽使自己有心回國爲人民服務，也未必回得去，更何況自己也未必能忍受國內的統治方式，當然更談不上發揮一己之所學或所長做一番有意義的工作。這樣子一方面回不去，另一方面又在異地安頓不下來，內心所感受的一種深刻的疏離感相信是以往的人所未曾經驗過的。同時傳統文化經過五四以至於今日大陸的摧殘，雖然不免尙有殘存，但其精神的命脈可謂不絕如縷。傳統中壞的糟粕加以掃蕩固無足惜，但好的精華也無選擇地加以剷除却有自掘根本的感覺。這些價值如在海外不能通過自覺來保存，就必入

於絕滅不可復的境地了，豈不可悲！海外的中國人如果不能在政治上與現實中國政權認同，在文化上又對傳統持澈底否定的態度，那麼除了他的一身黃皮膚以外，究竟和中國還有什麼關連呢？這也是上一代人所沒有經歷過的一個難題。正因爲今日流放在海外的一羣知識分子可以與母體絕對切斷一切關連，所以在作任何最後的抉擇或判斷之時，更應該作一番最深刻的反省。同時正因爲自己和現實的行動缺乏直接的關連，又無外在的威權來限制自己的思想，正不妨將自己的文化遺產作一番澈底的客觀的檢討。這不只是海外中華知識分子的特權，也是他的不可委棄的責任。

如果能够克服內心的情意結，也不爲外在的變化所聳動，今日海外中華知識分子反省中國文化問題是有着很優越的條件的。他既不必像國內的人那樣：或者把自己的文化傳統當作一無是處的絆脚石，或者爲了宣傳的目的只說自己的好處，不說自己的壞處；他也不必像洋人那樣：或者把中國當作假想敵來研究，或者對於這個古老的文明有着一種遙遠的異域的吸引或浪漫的幻想。他既生長在中國的土地上，自比洋專家們對於中國有一種更親切的了解，同時又因爲他的疏離的經驗，接受到異文化的薰陶，多少可以跳出傳統的窠臼而從另一個角度來看自己的文化。這並不是說，他所把握的就是眞理，但必定可以說，他所提供的是一個特殊的不可加以忽視的觀點。站穩了自己的立場，他不會因爲洋人說中國東西好，也就盲目地跟在後面胡亂叫好，更不會因爲受到民族主義的障蔽而硬把中國的一切都說成最好的。在這樣的情形下，他的認同將是一種眞正出乎內心的認同，而他的批評也是一種眞正出乎至誠的批評。

五、對於中國傳統文化的本質之衡定與認同

從一個層次上說，所謂文化認同好像是不成問題的。一個人無論如何反自己的文化，仍然沒法子完全否定自己的傳承，正如同中共雖則是極端反傳統的，但許多人仍指出中共的一些合乎傳統的性格，並以此解釋中共在中國成功的理由。我們所要討論的顯然不是這一個層次的問題，我們要談的認同是一種通過自覺的選擇的認同。如果我們的文化傳統能够與自己的根本原則契合到某一種程度，我們就與之認同，否則就拒絕與之認同。在這裏所牽涉到的是我們的認識以及價值判斷的問題。

究竟什麼是中國文化傳統的本質呢？究竟我們能不能與這一文化傳統認同呢？在這裏，海外中華的知識分子自各有其不同的見解，在此我只能提出我個人的看法。參考了各家的學說，我覺得中國文化傳統有三個基本的要素：第一，生命的價值在它本身，不在上帝，也不在物質世界。人受命於天，往裏面發掘有無盡的泉源，這就是中國內聖之學的根源。以此，中國文化所彰顯的既非宗教，也非科學，而是牟宗三先生所謂道德的形而上學。第二、生命與自然有一個和諧的關係，這也就是傳統所謂天人合一的觀念。一方面人在自然之中固然具備有一獨特的地位，另一方

面人又不從自然割離開來，人的一切文化成就都有其自然的基礎；契合自然，而非戡天役物，才是中國文化的主導原則。第三、中國傳統的社會結構乃是一種以禮的觀念爲貫串的社會結構：和爲貴，不尙鬪爭；其終極的嚮往卽是大學所謂修齊治平那一套。以上這幾點，就粗淺處來說可謂老生常談，卽西方人也能津津樂道；但就精微處言，如窮究內聖之學的形上基礎，則千言萬語，難盡其蘊。如果以上三目可以代表傳統中國文化的本質的話，那麼可以說沒有什麼我可以不認同的。事實上從進大學讀書起，出入西方哲學二十餘年，閱歷萬般以來，這些恰正是我個人所歸宗的最高哲學暨文化的理想。

當然在這裏，我們又必須劃分開理想與現實的層次。中國文化的理想的正大健康，並不表示中國文化的現實都能實現這些理想，禮失而求之野，就今日的華人社會來言，其實際表現很少不與這些理想背道而馳的。同時這些理想在大體上雖站得住，却並不表示他們就能窮盡世界上一切美好的價值，不能指出他們的限制，不能在批評之後謀求更進一步的改善。但就其顚撲不破處言，則不能不堅守原則，不能因外在情勢的突變而輕棄自己的立場。

現在回過頭來檢討當前大陸與西方學者對傳統中國文化估價的差距，很奇怪地，我們竟不能不站在西方學者那一面。茲略就上面所提出的三點來加以解析。中共的理論根源在馬列主義，這自是某一種型態的人文主義，但不免過分誇大了經濟的決定力量。這種思想認爲一切疏離問題一定要等到經濟疏離問題克服以後才能解決，而把內聖的體驗當作傳統的知識階級衞護自己階級利益的工具。這樣的思想畢竟只能把當下看作過渡，因爲人性的實現要寄望到永遠不知何時才來臨的無階級的社會。今日有很多人感受到自己的生命沒有意義，乃以爲只要一旦加入「革命」的陣營以後，生命就會自然變得充實起來。殊不知人的意識層面如果不能加以提升的話——傳統所謂變化氣質——到了多數人的經濟問題解決時，只是增加一些內心空虛的個人而已！當前的美國卽爲明證。由此可見，經濟方面的改革固然重要，人的內心的體驗却是另一層次的重要問題，不因爲經濟社會層面問題之解決而解決。於此傳統的內聖之學當下肯定生命的價值自有其不可抹煞的意義。其次，就世界觀而言，中共人定勝天的觀念只不過是十九世紀的樂觀進步主義思想的延續，今日生態學的新觀念所提供的却是更附合於李約瑟所謂中國傳統的有機主義的世界的圖象。這兩種觀念孰是孰非，當前科學的發展應可給予我們一個明確的答案，無需我們在此饒舌。最後，中國文化傳統以和諧爲主導原則，共黨則以階級鬪爭爲基本的信條。傳統儒家並非沒有義戰的觀念，但把和諧當作常態，鬪爭當作變態。共黨要求改革傳統社會的不平，這無可厚非。但在無階級社會的烏托邦實現之前，倡行無產階級專政，把階級鬪爭當作常態，而非變態，並以黨爲推動一切的樞紐，這樣則必實行極權政治，與眞正的民主理想背道而馳。世界潮流如今正走向超越了鄙視傳統中國文化的階段，而大陸却仍僵化地固守其意識型態，不能不說是呈現了一種嚴重的脫序的現象。

六、中國文化改造的必要與應取方向的探索

然則讀者們一定會追問，如果中共所持竟是這樣一種不合時代潮流的東西，爲何中國會走上這一條路，而今日中共在國際上反而能夠大行其道呢？這樣的大問題自不能在本文中找到解答，但也可以稍爲提供幾個簡單的線索。先說，國際政治的現實與哲學理想問題的討論在層次上自不可混爲一談，歷史上很多不合理的東西都會在一段時期之內閃發異彩，而中共的成功自有其特定的歷史與現實的理由。純從文化的理想的層面來觀察，也可以指出，傳統中國文化理想在近百年來之乏力，以及由於其限制所造成的種種問題。我們暫不談如何復興傳統文化的精神的問題，而嘗試探討在何處中國文化傳統應突破其原有限制而謀求改革以及覓取更進一步的創發的道路。

就我個人的了解，傳統文化最大的問題在它的階層禮法制度的不能維持下去。中國傳統雖然沒有固定的階級，但上下內外的分別却是傳統禮法制度的骨幹，而這些東西都爲現代民主平等精神的覺醒而被破壞無遺。誠然傳統儒家都認爲這些是絕對的價值，然而今日我們却了解所謂三綱五常一類的東西，並不與儒家民胞物與的根本精神站在同一個層次之上，它們是可以消失的（如君臣），或者其意義是可以完全改變的（如父子、夫婦）。在這些地方，我們是必須與時推移而不

可以泥古不化的。其次，中國由農業社會轉變成爲工業社會當然必須要接受一些根本的變革。再則中國文化由於太古老成熟而變得守成缺乏創造性；中國的大傳統墮落下來表現成爲小傳統的家族中心思想，阻礙了更大的羣體與組織的觀念的興起。這些都是要花大勁來改革的。在這些方面，由五四以來以至於今日的反傳統都是可以理解乃至可贊許的，而中共的大力改革也非沒有其貢獻。但掃除傳統的糟粕與突破傳統的舊藩籬並不等於完全否定傳統的價值，我們在此不能採取一種因噎廢食的態度。其次，在突破傳統之際我們需要卓越的判斷與眼光。在這一方面我常常覺得中共對於傳統的選擇是棄其所當取而取其所當棄。例如傳統的專制、接受權威主義的心態是不好的，中共却變本加厲而代之以更不堪的極權統治與隨之而來的一套意識型態。總之，中共於傳統文化的精華缺乏眞確的認識，其改革雖有一些是有其實際的需要，但也有一些改革却走上與理想恰好相反的方向。於此我們不能不採取嚴厲的批評的態度，希望在弊害未全顯露之前中國就能自己主動追求改變，走上一條康莊的坦途。

總之，我們檢驗中國文化的精神傳統，斷定其在大體上無過，但也有許多地方需要澈底的改革，才能順應世界的潮流。中共應運而起，在匡正傳統的缺失方面不能說沒有重大的貢獻，然終不免矯枉過正，在大方向上反而把握不住，有的地方簡直和世界潮流背道而馳，不能不令有識之士憂慮。

七、理想人類社會之構想與規約原則之建立

在檢驗傳統與批評中共之時，顯然我們已預設對於理想的人類社會的一種構想，應該在這裏加以比較詳細的討論。參考人類的不同文化傳統與當前的世界潮流，我們認定，一個理想的人類社會應該具備有下列的條件：在這一個社會之內生活的人民應有最低限度的生活的保障，他應該有發表自己的意見與參政的權利，他應該有機會盡量發揮自己的天才去創造或發揚文化，他應該在內心對生命有一種充實有意義的體驗。這幾個條件看起來似乎稀鬆平常，但卻是人類數千年來追求而未能企及的理想。它們彼此之間的關係也是極端錯綜複雜的，有時互相翼護，有時互相衝突。各個現實文化的特質之衡定就看它對這些因素作如何的取捨。我們自無法在此深論，而只能舉出幾個例子來加以說明。

在經濟上，我們相信人人應當有免於匱乏的權利。在這樣的構想之下，財富之過分集中少數私人以及經濟剝削的現象是要不得的。人們的收入不應當過分懸殊，但卻不必也不可能絕對加以一體拉平。人的才能與勤勞是應當得到適當的獎勵的，於此經濟的獎勵是一種極自然的方式，但它決不是惟一的方式或者最重要的方式。歛財或享樂並不是人生最後的目的，但人不論任何種族年齡性別都應得到生活上最低限度的保障，這樣他們才得以安居樂業，並進一步去發揮自己的所

長，追求自己的理想。這是經濟上的一種社會主義的構想。

在政治上，我們相信人天生有遺傳、環境種種方面的不同，因而彼此的意見也決不可能相同。但眞理是越辯越明的。人應當培養成一種習慣來發表自己的意見，却也在同時尊重他人發表意見的權利。更進一步，人應當被容許來追求自己的利益，却也在同時尊重他人追求他們自己的利益的權利。遭逢任何問題應通過理性的互相討論的方式來解決。這是政治上的民主的構想。

但有了經濟的保障與政治的人權，並不保證就會有一個豐富的創造的人生。然而人在跳過了生存線上的掙扎之後，便可以進一步去追求自己的興趣，把自己生命的潛能充分地發揚出來。人的文化一方面有傳承，一方面有創新。每一個新的時代新的人物都有新的突破新的創發，很多不是過去的人所能夢見的。在這方面，人應當被容許並鼓勵來探測新的可能性，而不應加以種種外在的限制。人如不能够推陳出新，那麼現在我們大概還在過着原始人的生活。在這裏，我們可以看到思想統制的弊害。針對於此，我們提出思想學術以及文化創造的自由的構想。

最後，人生儘管得到經濟政治學術文化上的一切外在的成就，而內在却感到空虛，那麼這一切的光輝又算得什麼？在此，人必須有追求內在精神境界的自由，而這是宗教、道德、形而上的嚮往的領域，牽涉到人的終極關懷的問題。於此，我們提出信仰自由的構想。

有了這些構想做規約原則的根據，我們就知道自己是站在怎樣的立脚點去檢驗傳統與批評現狀了。我們看傳統的現實表現既不能開出民主制度，也不能去除經濟政治上的特權階級，而尤其在科學藝術等文化的創造上表現出很大的限制，它的需要改造豈不是一件很當然的事！可是這一切的改革却與傳統最中心的精神並無抵觸。儒家傳統講「生生」，講「仁」的理想，我們在現代講政治、經濟、文化各方面的改革，豈不正是為了更充分地實現生生與仁的理想。在這一方面，很平穩地說，我們正是要超越傳統才能眞正地完成傳統的理想。了解到這一點，我們才了解今日的中共儘管在許多方面改革傳統有了成就，却也在許多方面走入了歧途。我們不能光為了經濟上的免於匱乏，而犧牲了政治上的民主、思想文化上的創造自由，以及內在的精神體驗，更何況大陸的經濟成就，專家們的意見並不一致。故此關心國事的海外中華知識分子就不能不本着良知站出來加以批評，而不能一窩蜂地趕時髦，光說些歌功頌德的好話。

八、關於理想與實際、目的與手段、普遍與特殊、國內與海外諸問題的反省

當然我們現在所討論的是一些牽連至廣的大問題，每個人的意見不見得一致，甚至有互相矛盾衝突的地方，但正因這些問題才更值得討論，因為它們牽涉到中國乃至世界在未來發展的方向。以下我們再就理想與實際、目的與手段、普遍與特殊、國內與海外等四目加以更進一步的討

論。

有人或者認爲我所提出的只是玄虛的理想，根本不切實際。但是理想之所以爲理想，正因爲它不現實，光是說它不合眼前的現實，並不足以否定它的有效性。理想的範圍乃應然的領域，它所照顧的是可能的現實！它所提出的是一些超越的規約原則。從這個角度看，我所提出的理想並無不切實際之處，不像馬克斯所提出的無階級社會，那才是一個永遠無法實現的烏托邦。未來的人類社會有科學有工業就有龐大的政治組織，國家不會突然萎去。可是上文談到的經濟平等、政治人權、思想信仰自由等等，這些却是人類可以而且應該追求得到的權利。說人類無法通過任何努力來實現這樣的理想，這是在斬斷絕滅人類的希望。當然理想之提出並不保證其必然實現。在這種地方，哲學家只能提出普遍性的原則，在現實上促其實現則必須靠有理想擔負的實際行動人。在實際行動的領域之內，我們必須照顧到現實的條件，而後才能決定革命或者改革是促成理想實現的最好的方法。如果各種理想不能同時實現，就必須決定那一項是當前必須先去奮鬪的目標。應事所講究的是能迅速地應付瞬息萬變的情勢，這裏所需要的敏銳的觸覺與果決的手段。但過分着重現實却易爲一時的成敗得失所聳動而得意忘形或悲觀絕望。此處需要長遠的理想來批評與撐持。以此理想與現實的注重，兩邊不能偏廢。哲學與行動兩方面儘可以分工合作，抑或殊途同歸，不必一定互相矛盾衝突。

如果哲學所側重的是目的，行動所側重的是手段，彼此自然有重點上的差別。但是在另一方面目的與手段却有一種相應的關係。君子固然不能夠爲目的不擇手段，而且有時爲了某種目的的實現就必須採用某種一定的手段。我們自可以承認，在某種特殊的情勢之下也可以採取暴烈或者嚴酷的手段。但我們必須充分體認，這畢竟是變道，而決非常道。譬如說，爲了奪權，在許多情形下，自不能不訴之於武力暴亂的手段，同時爲了鞏固政權，也自可以運用嚴厲的統治的手段。但如一個革命政權的終極目的眞是爲了建立一個人民的政權，却一貫地壓制人民的意見，封鎖消息，控制思想，不積極去培養人民眞正自動自發的精神，那麼它決無法達成它的終極的目的。更可怕的可能性是一些有私心的野心家，嘴吧上喊著動聽的口號，實際上做的是背道而馳的行爲，却以手段問題來做藉口，來鞏固他們的統治權，這樣的掛羊頭賣狗肉的辦法決不是我們所可以容忍的。手段的採取畢竟是爲了目的，我們不能因某一種手段之收到一時的效果便忘記了目的而把這手段當作了最後的東西。

另一個相關的問題是關於普遍與特殊的考慮。我們在考慮目的問題時，就得分辨什麼是普遍的目的，什麼是專屬於一個文化或者一個時期的目的，在採取手段時也要考慮到一個手段是否只在一時一地某一特殊文化之下才能發揮最大的效能，而不至於發生反效果。在純理論上，這牽涉到關於相對主義的問題的爭論。各個文化有不同的殊性，這是一個不容否認的事實，沒有什麼可爭論的。但是否因此就沒有普遍於人類的理想呢？我個人在此持「理一分殊」的觀點，我們是可以有一些普同於全人類的理想，但它的具體表現却因受到各文化的殊性的約制而有所不同。以民主爲例，如今極大多數西方的漢學家都反對民主推銷，不贊成用西方的方式強加在東方之上，而斷定中國必須尋求適合於它自己的歷史傳統與現實的問題解決的方式。從一方面說，這是西方對於東方了解的一種進步，承認了東方文化的殊性而限制了自己的優越感。但從另一方面說，如果說中國絕對不適宜於民主，却又在同時肯定了民主的積極價值，這等於說，民主雖好，中國人却不配資格享用它，這是用一種雙重標準在判斷事物，隱隱然還是假定中國人是二等民族。我們儘可以承認，中國由於目前工業化不够，民智不够開發，又受到傳統權威主義心態的約制，立卽施行民主不易。但這決不等於說，中國便永遠不能施行民主制度。同時在中國所施行的民主如果要成功必定是一種適合於中國的國情的特殊的民主制度，事實上英、美、法各國所施行的民主就沒有一個是完全相同的。但民主畢竟是民主，決不能够是反民主，在這裏我們不能容許口頭上講民主實際上行專制那種掛羊頭賣狗肉的勾當。同時我們也要思考如何儘速把中國帶上眞正民主的道路的手段的問題，不能够讓一個無窮遠的烏托邦來麻醉了人民的心靈而放棄了對於自己應得的許多權利的追求。我可以自信，我在前面所提出的四項理想都是應當普遍於全人類的理想。我當然了解這些理想的實現決非一蹴可達，任何新的文化的創造或者異文化的優點的吸收往往要經過一個很長的極艱苦的歷程。爲了達到目的，我們必須要尋覓到最適合於我們自己的國情的方式，而且我們必須面對國內外現實因素的貧窮落後以及帝國主義等等的牽制。但我們所不容許的是任何開倒車的做法，在這裏知識分子必須要盡到他的批評的職責，對於任何無理由的推宕或者變質必須加以無情的戳破與口誅筆伐。

最後普遍與特殊的問題的落實下來就是國內與海外的問題。飄零在海外的知識分子的目光無疑地仍會集中在祖國的種種之上，這在我個人也是不能例外。我們自希望看到祖國的進步強大，並盡一己的輿論上的力量敦促她走上一條理想的道路。然而長年久居國外，畢竟與國內的許多東西有了隔閡。如果在短期內不可能回國的話，我們不能以一種永遠過渡的心情在那裏等待，我們也有對於我們所居留的社會的責任和義務。不僅如此，如果中國文化的理想在國內反而不能發揚的話，那麼海外的人就有責任存亡繼絕，而決不能聽任其消滅掩埋。而最有效的一個方法是把這些崇高的理想盡自己的力量實現在所屬的那個社會之內。這樣看來，一個在海外的中國人竟有三種不同的效忠：對於中國文化的效忠，對於祖國的效忠，以及對於所屬社會的效忠。這裏所謂效忠並不表示對於國內或國外的統治階層的效忠，而是表示要積極地參與來改善中國的文化、中國的現實、以及所屬的社會的意思。關於中國文化、中共政權，已經討論得够多了，現在我打算對所屬社會的改善的問題稍爲表示一點意見。由前面的討論我們已認識到，超越的理想誠然是普遍的，但它的實現却受到不同的特殊的處境的約制，其所遭逢的問題也就十分不同。這樣看來，不只國內的問題與海外不同，卽就海外而言，又有歐美星馬的僑民與港澳同胞的不同。一個在大陸、在臺灣、在美國、或在香港的知識分子所奮鬥的終極目標或者相同，但他所奮鬥的當下目標以及所採取的奮鬥的方式與路線却必然有巨大的不同。譬如在臺灣所反抗的是政府顢頇無能的作風，在香港所反抗的則是不合理的異族的殖民統治。正由於每一個區域所面臨的問題不同，那種要求進步改革的力量必須要孕育在這一特殊的社會之內而不能由外人來越俎代庖；雖則各地要求進步改革的力量彼此可以互相呼應，而終不免有意見的差距。在這裏，我們不能用香港一地的觀點去概括其餘的觀點，也不能隨意抹煞香港自身的特殊的觀點。我們對中國文化，對大陸的現實政權，以及對所屬的社會各方面從理想的方向去奮鬥都同樣地眞實，雖然在某種特殊的情況之下，某一方面的奮鬥會特別地突顯出來，而各不同專長的個人應當有自由來選擇他自己對於社會有所貢獻的特殊方式。在這裏，我們在視野上不能太狹隘，必須把理論與實際各方面連合起來，各人站在自己的崗位上奮鬥，不能够太富於排斥性，或者才有較大的影響。

九、結語

總結我們對文化認同與再造問題的討論。雖則我們在一義下丟不開我們的文化傳承，我們仍然願意採取一種客觀的立場來衡量中國文化傳統的得失。我們不能純自情感的觀點上說，只要是中國的就是好的。正與此相反，我們是通過理性的考慮而斷定中國文化傳統的本質爲好的，這樣才使我們在內心感到一種眞正的驕傲，而通過自覺來與之認同。然而一個停滯的文化必然是一個死亡的文化，故此我們如果要延續中國文化的慧命不絕，就必須坦誠地承認它的缺點，而進一步接觸到中國文化再造的問題。由這樣的觀點我們去衡量大陸當前現實的得失，一方面肯定了它的部份的價值與意義，而不能不在另一方面指出它在根本的缺失處，而且這一種的批評的目標乃是一種建設性的目標。當前的中國不比往昔，國際的形勢雖仍險惡，但在比較上却不受外在帝國主義的宰制與擺弄，只要自己在內在有一種覺悟，就可以有機會把自己的命運澈底改變過來，在未來走上一條康莊的道路。海外的知識分子雖不能對國內之事作內在性的參與，但却可以提出種種坦誠的批評以及可能的構想，應當可以扮演一個重要的角色。當然海外的人不能只是在等待大陸的改變，這種現實上的轉變是誰也不能夠預卜的。但不論大陸如何變，他既留在海外，就是中國文化與中國人在海外的代表。爲了使中國的文化理想在世界上延續下去，他決不會有意去避開所屬社會的問題，而要積極地打入這一個社會之內，去改造當前的社會，替人民爭取應得的權利，儘可能地實現本來蘊含於傳統中國文化的崇高理想，並使之在今日得到更進一步的發揚。這樣中國文化理想方能成爲促進世界文化理想的一股積極主動的力量。我們馨香祝禱中國不只在現實上強大不再受到列強的牽制，並且成爲推動世界文化進步的主力，而不要成爲它的阻礙。但在這樣的理想未能落實的時候，每一個在海外的中國人都必須立志要自己能够站起來，擔承起自己文化的理想，存亡繼絕，並開創出嶄新的境界。儘管自己的力量渺小，成就有限，卻無愧於自己的民族與文化。到了這樣的地步，自己外在的疏離也就被內在的壯實澈底克服了。

（明報月刊第七卷第十期，一九七二、十）

四、關於世界主義・民族主義・個人主義

——兼論有關留學生的諸問題

大學雜誌曾經接連好幾期討論留學生是否必須回國才能報國的問題。我覺得實質上意見的差別雖不少，但意氣的成分更多，結果流爲不同的觀念型態的衝突。我覺得要辯論這樣的問題牽涉到個人哲學的基本出發點，把這一個層次的問題弄清楚，才可以談誰對誰錯的問題。所以我不打算直接加入大學雜誌的論爭，而轉從一些比較普遍的問題的反省入手，希望大家多辯論客觀的眞假的問題，而避免人身的攻擊與衞護，才不致陷於主觀的情感的反應與判斷。

先從世界主義的問題談起。凡東西偉大的聖哲莫不具備民胞物與的襟懷。種族、階級的歧見至今還在爲害人間，只有清明的智慧與果決的行動互相結合，才可望掃除這一類神話信仰的殘存。但是無條件地談世界主義，不但不能幫助高遠理想的實現，反而容易被野心家利用而造成更鄙惡的現實效果。要建立人性的理想，首先我們必須了解人性的現實。除了極少數的聖賢可以犧牲個人的利益而爲人類的福利奮鬪以外，多數的個人、國家莫不唯利是圖，他們所顧忌的是權

力，不是道義。這爲國際聯盟以及聯合國的理想徹底失敗的根本原因。美蘇等强國才有權力，聯合國根本沒有權力。此所以聯合國乃是强國宰制下的聯合國，不是保障衞護弱小民族國家利益的聯合國。康德在近兩百年前《論永恒和平》一書就曾提出世界聯合國的理想；耶斯柏斯在當代籲請列强服從一更高主權才能徹底消除世界大戰毁滅人類的危機；但這些迄今爲止還只是哲人的理想，不知何年何月才有眞正實現之日。如果在當前列强宰制之際奢談世界主義，放棄國防，結果是不但無法實現世界主義的理想，反而淪爲强國的附庸或奴隸。這種不公平的現象如果繼續存在，則世間的爭鬪無日或已！以此我們只有努力自强，但却不能以權力的增進爲本身的目的，而寄望以實力爲後盾以促進世界主義理想的實現，而消弭人類因大戰而滅種的危機。

其次，讓我們談談民族主義的問題。從上面對於世界主義的討論中，讀者當可以看出，我是民族主義思想的堅決的擁護者。事實上我願意辯稱民族主義是當前的主潮。例如大陸毛共的暫時勝利，實在不是共產主義的勝利，而是民族主義的勝利。只是由於兩百年來的喪權辱國似乎無路可走，中國人民才寄幻想於一種極端的手段來求再生，這才產生了這一怪胎。事實上毛澤東統治大陸的一個利器就是製造中國與其所謂美帝蘇俄之間的緊張關係才能辯護其高壓政策。但這樣性質的政權究竟能維持多久是頗可以懷疑的。國際共產主義至今已被證明是一神話，蘇聯所推行的帝國主義政策早已使得各國的共產黨徹底醒覺。民族主義如今是世界的潮流，這在東南亞、非洲各地莫不如是。而且民族主義不只在今日列强宰制的局面必要，卽在世界聯合國的理想眞正實現之日也還有其必要。這是因爲各民族有其不同的體質與環境稟賦、歷史文化傳統，和而不同，這是維持一個有多樣性、富創造力的世界文化的必要條件。故所以持世界文化的理想不必損毀及民族文化的認同。今天在美國的黑人都在努力追求其認同，更何況有數千年文化的中華文明古國。但民族主義是以濟弱扶傾的理想爲其指導原則。如果過分誇大種族的神話，如二次大戰時的日本與德國，則必導致世界性的災禍。美國當前的黑人問題乃是美國社會的一個毒瘤，如不能以智慧、行動解決這一問題，未來禍患無窮。故此我雖堅持民族主義的理想，但却堅決反對軍國主義式的民族主義征服世界的野心，每一個民族國家都有其生存的權利，任何帝國主義的宰制都是一種罪惡，國際主義的理想持論似高，實際上根本行不通，只有通過各民族國家本身的自覺所產生的世界主義的理想才是眞正的世界主義的理想。這才不會是沙上的浮塔，隨時可以崩壞。

最後要談到個人主義的問題。如杜威所指出的，個人不是出生在眞空之中，他是出生在特定的社會文化環境之內。由此可見完全不受外在環境影響的個人乃是一個虛構，所以主張個人主義並不等於否定社會文化對於個人的影響。其次，個人主義每與自由主義的信念相關連，但這樣的信念並非主張個人可以爲所欲爲。所謂個人的自由以不妨害別人的自由爲原則，個人的權利與義務乃是互相規定的。只有希臘的辯士才主張極端的個人主義，而獨我主義在哲學上乃是一個不能衞護的主張，健全的個人主義與這些論調沒有任何本質的關連。但是由無生物進化到生物，由生物進化到人，由原始人進化到文明人，個性的因素愈來愈加彰顯。一個物質的原子與另一個物質的原子的行爲幾乎沒有任何差別，乃至一個原始人和另一個原始人的行爲的差別是非常有限的。職業的分工以及特異的個人乃是相當高度文明的產物。詩人、哲學者、科學家，與百工之事各人的專長都不同。每一個特殊的觀點，每一個特殊的個人自必有其眼光的限制，但也有其特殊貢獻。文明的生活乃是不同的個人結合在一起的共同參與的生活。爲了使得每一個個人都能對羣體的生活有充分的貢獻，所以民主的制度成爲必要。只有這樣的制度可以容許各種不同的個人有發言的權利以及生存發展的權利。從這一個角度出發，任何獨裁極權的制度乃是一種罪惡。

有了以上的解析做背景，現在我們可以討論個人主義與民族主義之間的理論效果問題。如果個人主義指的是個人只顧自己的私利的主張，這樣的主張是一種令人鄙惡的主張。一個個人決不能拋棄他對自己的家庭、社會、國家民族、乃至世界人類的責任。而且二十世紀的人已經知道純粹的自由經濟乃是一個虛構，號稱資本主義楷模的美國如今也知道長遠計劃以及社會福利的重要。個人當然有超乎個人的嚮往與目標，但如羅素所指出的，如果像某一些唯心論者過分宣揚國家民族的至高無上，則個人的價值終必受到減削，乃至受到侵害。在英美的傳統，是國家爲個人而存在，不是個人爲國家而存在。通過個人的自覺，他可以爲國家民族而犧牲個人的利益乃至生命。但如個人與當道不同意，他應該可以有發表反對的言論的權利。他甚至可以糾合同道組成壓力團體，乃至通過競選贏得勝利，以實現自己的政見。在正常的情形下，他會尊重多數的表決以及執政黨的領導。但在極端的情形之下，如果訴之於自己的良心實在無法妥協，則只有選擇入獄或者放逐的命運。這樣的個人對於當權派來說當然是討厭麻煩，但只有這樣有擔當的個人尤其是知識分子才能維持獨立的判斷，不因習俗的反對而折曲。布儒諾、加里略不會因爲教會的壓迫，就輕易放棄對於地動的信仰。這不是說這些殊異的個人不會有錯誤的判斷，而是說如果這樣的人甘冒社會的大不韙而堅持自己獨立的意見，他們應當受到寬容的待遇。如果他們觸犯了當時的法令，儘可以依法秉公處理，但我們應當充分了解，人爲的法律並不是永恒不變的，未來儘可以證明當前的法律是錯誤的，人們最不應該的就是從嚴厲處罰少數不苟同的人們之中得到一種稱心快意的感覺。由此可見，我們對於民族主義的堅持並不意含對於個人主義的否定，個人與民族乃是兩個不同的層次的問題，不能互相加以混同。一個人如果只是因爲生於斯長於斯，就不問自己的國家民族是對是錯，只是盲目地衞護自己的國家民族而絲毫不加以批評，這是世界之亂的一個最深的泉源。一個健全的民族主義係產生於自覺的個人通過理性的抉擇而認同於自己的文化的努力。沒有人在切斷祖國民族的血緣的當兒而不感到噬心的痛苦，但有時人却不能不作非此卽彼的斷然選擇。我們無法說蘇格拉底的仰藥自殺就一定比孔子的周遊列國來得偉大。在事實上孔子雖未出仕蠻夷，在原則上孔子從未排斥過這樣的可能性，因爲他堅信他的道如果蠻夷用了也一樣地造福於世界，反過來華夏民族不能行道，也就比蠻夷更不如。二次大戰時，耶斯柏斯之隱遁在德國，不屈膝奴顏於納粹的暴虐之下，是可以欽佩的。但愛因斯坦、卡西勒、田立克等傑出的科學家、哲學家、神學家的自動放逐到美國，並不因此貶損他們的價值。而海德格之一度依附納粹乃成爲其盛名之累，德國的文化顯然有其光明的一面與其黑暗的一面。其流放在美的秀異分子並不因此就譴責其母國的文化。相反他們乃是使得德國在戰後還有臉站得起來見人的文化的代表。帝俄時代以及當前的俄國不知有多少知識分子流放在國外，當然也有更多的知識分子下決心留守在國內受盡凌辱壓榨之苦。究竟應該走那一條路，這純存乎個人的良心以及衡量當時實際環境以後所作的抉擇。當然我是故意用特殊的環境與個人做例子來闡明我的一般觀點，然而由此可見，個人對於民族的擔負以及其對於個人命運的抉擇，這是彼此相關而互不相同的兩回事，不可加以混爲一談。各人當自覺選擇適宜於自己的方式對民族作有意義的貢獻。我所夢想的是到了有一天世界大同，人可以完全自由地選擇自己所喜愛的文化而自由轉移，不受到阻礙，不受到歧視的待遇。

有了以上的討論做背景，讓我回到一些當前實際問題的討論上。留學生是否應該回國，這是一個很有意義也很值得討論的問題。可是我所不能贊同的是一些拾人牙慧似通非通的理論。例如有人說要培植一個大學生要花中國的納稅人多少多少錢。就我所知，一個中國留學生留美，由碩士唸到博士，如年年拿助教或獎學金，順利的在五年之內得到學位，光這一筆錢就要拿一萬五千美金，這樣是不是說，美國大老闆多花了幾文錢就對這些學位持有人更有要求他們留在美國服務的權利。這種不通的洋八股又配上一種不通的土八股，到今天國內有些人士每喜歡對留學生作一種數典忘祖的責難。在中國古代並沒有必須留在本土不能自由選擇自己的出路的思想。春秋戰國時代人才流轉，以得人者爲昌盛。號稱迂濶的儒家如孔孟也周遊列國，所擔負的是道，不是其他。故土之戀是人生最自然的感情，但不足以爲唯一決定的因素。我沒有做歷史研究，不知從何時起中國人才變得保守，兢兢業業守着祖業，缺少開拓的雄心。在近代中國人移民海外亦皆心存故國，往往掌握僑居地的經濟權，却對當地的政治毫不關心，其結果自然造成許多問題。在這種情形之下，東南亞各國對華人的迫害實爲勢所必然的事，試問這些國家怎能容許華人的雙重國籍，其第一效忠仍然是中國！據說，一個有趣的故事發生在美參議員鄺友良訪華之際，我國某委員竟然責以民族春秋大義，結果鄺的答覆簡單明瞭，請各位弄清楚，我是美國人，並不是中國人。這在中國人的耳朵裏聽來很不是味道，很難想像這樣黃膚的人居然明目張膽否定自己是中國人，但事實是，我們必須在華裔美人與中國公民之間作一區別。華裔美人不即是中國人，如果中國人指的是中國公民的話，但這不證明華裔美人就對中國不能再作任何有意義的貢獻，例如中山先生革命時就在檀島僑團得到很大的經濟上的幫助。

我的論點是：移民或留學，個人應該自己考慮自己的處境作存在性的抉擇。如果決定移民，就得下決心打入移民地區的社會，才能够保障自己的權利。如果決定留學，學成以後返國服務，則必須學自己國家所需要，不能盲目跟在人家後面學時髦。但我們不能硬性規定說，出國必須是留學，留學以後必須返國，絕對不可以移民。有的人因現勢所逼，在國內無法建立事業，乃下決心在異域開拓新天地，他們應當被容許作自由的抉擇。當然我們不希望自己的優秀人才多數流落海外，可是我們得製造環境來容納並吸引這些人回來，空洞的道義上的約束固然無濟於事，更壞的是口不應心。只有單純的年青人才眞心惋惜學成的人不能回國貢獻所長，當家的人就知道問題並不那麼簡單，例如今年美國經濟緊縮，求職不易，希望返國的人不在少數，但究竟多少人得以如願以償，恐怕數字極爲有限。同時在辯論留學生是否該回國服務時，許多人往往忘記當前中國全盤的情勢。譬如批評學成未返國門的人「隔岸觀火」，却忘記了隔着臺灣海峽受美國第七艦隊的保護在臺灣過太平日子對於中國問題的解決何嘗不是在「隔岸觀火」。可是有幾個人會願意回到大陸去打游擊，從事推翻毛共政權的努力以求未來的改善之道。至於沒有出過國的人對留學生所感到的苦惱，所面臨的抉擇，又何嘗不是「隔岸觀火」，缺乏切身的體驗。

總之我感覺到，時下對於留學生不歸國的批評完全觸不到癢處，整個的輕重倒置。一方面社會整個的風氣媚外到不堪聞問的地步。抽洋煙，買洋貨，連牛奶糖都非得吃中日技術合作的不可，不留學的人處處被人憐憫，學成回國的人被看作神經病、或者在外面混得不得意的人。在這樣的整個社會風氣下却又以空言來約束留學生歸國，這眞是整個的荒謬。對於庸俗拜金崇洋趕熱鬧出國的人，誰來管這些閒議論。對於有良心有擔負的個人決定回國或不回國，他有他自己獨立的考慮，不會因爲外在的批評而動搖自己的信念。這樣的人不論在國內或國外會站在他們本身的崗位上盡到他們自己應盡的一分責任。當前在臺所急需做的是學術的獨立，已學成的留學生當然可以爲促成這個目標盡一分力量，可是終極的嚮往是自己可以培植自己社會要用的人才，不是眼巴巴地去企求留學生歸國，那樣的心理存在一天，自己學術獨立的理想也就永遠不能存在。而個人則必須有他自覺地選擇留在國內或走到國外的權利。

我決不反對出國以前要考嚴格的留學試，免得一些根本不宜於出國的人出國來受洋罪，絕對不能因爲他們是達官貴人的子弟就放寬錄取標準。在另一方面我堅決反對無端限制有適當條件的人出國。這種不方便除了延緩其出國以外沒有任何好處，以後大概也是促成一些人學成不願回國的一個主要原因。

我曉得我寫這樣的文字一定會觸發一些人的怒氣而受到嚴厲的指責或批評。但如果批評是針對問題而不是針對個人，了解我寫這篇文章的動機不是爲了對個人的辯護乃或對所有留學生的辯護，那麼這一篇文章就不算是白寫了。

（大學雜誌第三十八期，一九七一、二）

附錄

一、凱薩林論中國

中國乃是一片永恒和平與秩序的國土，亂與革命只是爲了醫愈一時不可避免的疾病而已！奇怪的是，中國民族似乎早已停止了它的創生力量，但是它的藝術却始終能夠維繫水準而不墜，也許是由於在中國，依附傳統便可代替發明的緣故罷！外國人到中國最易發現的便是漢字之美，它雖不宜作哲學辯論，也不宜作科學理論，但却反而能夠具有更高的表現價值，所以一個哲學家願意用世間一切其他的表達，來換取中國的表達，因爲只有中國字可以用來直接表達形上的奧義。大體上看來，中國的靈魂是非宗教性的。「六合以外，聖人存而不論」。但是往往許多有教養的人也都加入祭祀儀式，「祭如在，祭神如神在」，中國人的外表迷信實在比現代西方人的失去信仰要深邃得多。

中國人性愛和平，因此有時戰爭竟似兒戲，隨時可以爲了各種原因停停打打。但是中國人決不是一個失去創生力的民族，它只是有一套聰明的道德系統架住了人們的使氣而已！中國人最善自制，和光同塵，與世無爭，這態度高，但是壓制了天才不得脫穎而出，然而西方人却雅愛新奇，廣容怪異，所以一般西方人們重視精神創造克服自然，而中國人却適得其反，深藏若谷，不求表現。最合自然之道的也就被認爲是最創造的，這乃是返歸於自然的最高意義。但這樣的系統和印度犯同一個毛病，最高型態的中國人可以高於一切，其他的人却只是平庸的人而已！

在中國接觸了許多活的人物以後，才知道他們所能體會證驗的意義實在遠比他們的概念表現爲多。他們是惟一能够在亂世之中維繫內心平安的民族，這種以德性爲本位的人物是和其他人類的表現各異的。外表上看來，西方的商人誠實，中國的商人奸詐，似乎西方人的道德更高。但是事實上西方人只是套在一種機刮裏的道德而已！正因爲最合乎功利的也正就是最合乎正理的，所以西方的流氓也會在做生意的時候誠實，但是內心對德性的體會却是遠不及中國人的，每個西方人實在該規定務需要到中國去學德性一年。中國人的內在方面深刻，這主要是受儒家方面的影響，人的體味一旦得其眞性，樂何如哉，卽便是個苦力，也能自樂其生活，因此中國人不注重社會改革。反之，西方人在現實方面得到一切，內心反而苦澀，這樣的互相對比的現象實在值得兩方面的人思量。中國人的禮由內而外，內外一如，深刻可以融入浮面，「形式」（Form）與「意義」（Significance）合一。在世界上惟有中國能够完整解決自決和服從傳統二方面對立的問題，中國心靈在偏至方面的發展或者有所不足，但是它的綜和精神却爲其他國家所不及。「文勝質則史」，中國的一般大家在文化方面普遍提高，在內心方面則體驗少得很。但也只有如此，才能够在一個人口密集的國土之中，維繫了長期的秩序相安無事，這確是中國文化所表現的特殊形式之一。

旅行在中國土地廣大的平原上，乃會感到這一個廣大平原的靈魂是印度歐洲人所無有的。所以它的政治連繫雖然不強，時而被異族征服，但仍不失其偉大，乃是惟一的一個能與自然秩序不隔的民族。人民胼手胝足，根深於土，幾乎沒有一寸未經耕種的土地，却又處處墳地，穿插其中，乃是自己祖先代代埋骨之土。勤勞則有收獲，荒疏自致惡果，有限度的土地永遠能够供給不斷增多的人民以他們日常的需要。以此，在中國，人文秩序與自然秩序不隔，北平天壇的建築正是爲了這一原因。中國人相信，政治上軌道，自然風調雨順，國泰民安。政治不上軌道，於是災異降生，民不聊生。康德所劃分的自然星辰與人間道德的二分法，在中國完全混化爲一。中國乃以德化爲本，它的理想發揮至極，委實可以超乎任何制度。自然中國現代革命有其必然之因，但是我們應當謹記，新的制度並非一切，民主制度也復有民主制度的弊害，它可產生平庸政治，也可導致其他惡果，這由法國大革命的教訓可以找到前車之鑒。因此中國人今日最重要的問題，就是如何恢復以往那種高貴的精神：這一個古老的國家今日能够抵於不墜，實在端賴乎此，而它之所以式微，又何嘗不是由於同一個原因呢？想像中國未來的改革當仍不能够脫離儒家的架子，但是不幸的是儒家的保守氣質最不宜於改革，未來還不知要走上如何的道路呢！這個人口衆多的國家，一旦捐棄了樂天安命的態度，喚醒人人內心的個人主義，想必一定會經歷一個長期極壞的過渡時期罷！而舊有一切美好的傳統也將就此摧殘殆盡，思之委實令人內心悲愴。

總結起來，中國的自然智慧根源於道家（Taoism），道德智慧却貫注於儒教（Confucianism）。中國人最不宜於思辨，和中國人討論形上，心理方面的問題最爲勞累，他們旣堅執，又極無趣，但在實行方面却可落實，爲了實踐，人本只要一套理論就足够了。然而在中國，人却又不完全抹煞個人自決問題，在西方完全的自決意謂着一切自我作古，很難與文化教養相應，但中國人却是全世界文化最高的民族。在這一個民族之中，乃至連吃也升到了一個文化的層次，館子的佈置，菜餚的變化多姿，實在是藝術的手筆。至於中國人的婚姻觀，中國人不能了解西方式的「愛」，這是一種遺憾，但是另一方面，西方式的愛若完全築在情欲的基礎上，也未必一定就是最有益的婚姻制度。中國人把男女之間的關係看得比較平淡自然，不會像西方人那樣矯揉造作地崇拜「永恒的童貞」（Eternal Virginity），以至一方面提升得太高，另一方面又降落得太低，以至發生了許多實際上的問題。西方人的眞正「愛」的理想也許超過中國，然而事實上又有幾個人眞正做到了這樣高的程度呢？西方人與中國人比，實在是一個年青得太多的民族了。中國人尋求完全的表達，以至以客勝主，所以在藝術上透頂，在思想上却反而乾枯乏趣，屬於理性主義的型態。事實上思想，對於中國人而言似乎是最不自然的，他們人格的活潑體證完全是不能够用中國人產生的觀念去衡量的。以此，在中國雖然缺乏深刻的宗教，但是並不完全缺乏宗教性。許多傳教士到中國發現他們向中國人學得很多，卻實在沒有東西能够教給他們，中國人的宗教性只是不必能够在外表上面附合教會的標準而已！中國人是能够由他們的自力順應自然之道，以求得他們的實現目的以及全體大用的。中國文化的造就在他形成了一種「理想的正常」(Ideal Normality) 的性格，這實也乃是西方現代民主在未來必須走向的方向。這樣中國文化自有其中國文化特殊的性質，辜鴻銘輩一定要把中國歷史的發展比附於西方，這樣的看法是不能够令人重視的。西方人重個性，而中國人重型態。但是中國人並不缺乏內心，以此它的理想是「苟日新，日日新，又日新」。但是文化過勝的結果，終究理想墮回於自然，以此今日的中國畢竟不是精神主義，乃是自然主義。這一個古老的文化民族，梅毒毀不了它，鴉片毀不了它，但是由它的特殊型態之中卻慢慢衍生了一種日益增進的迂腐俗氣 (Philistinism)。這一個民族確有太多可以令人借鏡的地方，用它的例子可以解決西方未來許多問題而免於盲目的試探。但是它也許是人性化，過分地人性化 (all-too-human) 了，所以令人產生一種欲望要由它逃遁開去。

× × × × ×

凱薩林（Hermann Keyserling, 1880—1946）著《哲學家旅行記》，借外在觀察得來的印象，以引發內在思想的泉源。而他最後的目的，是在尋覓自己精神的終極自我實現的道路。凱薩林之抵達中國，正當清廷顛覆不久之後，舉國混亂，凱薩林却能以他强烈的直覺攫捉中國文化的本質。當然他也有一些觀測與批評，未必得當，但也可以有彼此切磋的效用。哲學家乃是經由東南亞到中國的。Bay of Bengal-Rangoon-Penany-Singapore-Hongkong。緬甸這另一佛化國家的主要智慧是集中於感官生活，它的發展正與棄絕感官的印度成爲對比。馬來熱帶植物的生長乃至更甚於錫蘭。熱帶的一切最富於對比。日出日落，令人沮喪，到香港才慢慢轉入溫帶氣候，漸由熱帶的感覺逐步解放出來。哲學家在中國的行程是：Canton（廣州）—Macau（澳門）—Tsing-tau（青島）—Through Shantung（經過山東）—Tsi Nan Fu（濟南府）—Pekin（北京）—Hankow（漢口）—The Yangtze（長江）—Shanghai（上海）。大體看來，中國的一段似乎寫得不如印度，大概主要是因爲筆者本人是中國人，要用中國人的眼光來批評的緣故罷！又自凱氏心靈的傾向來判斷，他了解道家似乎略高於儒家，但能在短短的期間如是眞確把握中國心靈的特質，有切要的批評，也就算難能了。而中國文化已經死去的軀殼還能反射如許光芒就更値得我們中國人自省了。凱薩林對於中國文化的批評初看似乎刺目，實在也包含許多眞理値得我們咀嚼。最後要聲明的是：本節的寫作係平均取材自中國各章，有些特別容易引起誤解的觀念已經過筆者代删，但以不失凱氏原著精神爲原則。我另外還選譯了「凱薩林論中國文化」的重要段落，載於《儒學在世界論文集》（香港東方人文學會，一九六九），頁二八七——三一三，讀者可予參看。

（節自「凱薩林論東方哲學智慧」，東海學報第四卷第一期，一九六二、六）

二、李約瑟的《四海之內》

李約瑟（Joseph Needham），這位以撰寫巨幅中國科學文明史聞名於世的傑出英國漢學家，最近又出版了一本新書：《四海之內》(Within The Four Seas, London, George Allen & Unwin, 1969)。這是他在近二十年來所寫重要的單篇論文和講演詞以及詩的結集。有趣的是，他的詩雖是用英文寫的，却有濃厚的中國味。他並翻譯了孟姜女哭長城，表示他對中國文化各方面都有強烈的愛好。尤其重要的是，這部書雖然不是學力之作，却比大部頭的科學史更明顯地凸現出他對中國文化了解的洞識，也比較容易對社會有廣大的影響，所以值得把書中的中心觀念介紹給讀者。

李約瑟這部書對西方文化而論可以說是最深沉的罪己的呼籲，而這樣的自省是建築在他對中國文化的讚賞與禮讚之上。李約瑟在文化哲學方面根本的假設是：只有科學是普同於人性的因素，其餘如宗教、哲學、法律、藝術、既不能够普遍劃一，也不能够一定斷說孰高孰低。就李約瑟的觀點看來，近代西方人的驕傲是完全無根據的。他們自以爲近代科學是歐洲人的發明，故此輕視亞洲的落後。殊不知這是由於歷史視域的錯誤。如果沒有中國對世界科學文明的貢獻，只怕西方根本不能够發展出現代科學的成就。科學是人類文化的公器，互相傳播——決不是一個文化所能包辦或獨佔的。中國在現代的落後只是由於它的傳統社會條件不適合於科學再進一步的發展，但如今正在急起直追中。西方人無理爲了自己宰制世界的私心而阻撓東方的進步。「四海之內，皆兄弟也。」人必有此世界主義的襟懷，才能避免偏失的自私自利的惡業。西方人在現勢上被推作世界的主人翁，但却没有足够的資具。傳統西方心靈的二元分裂（如宗教與科學對立）在歷史上曾經造成無數禍害，諸如宗教迫害，帝國主義等等。故西方人宜自警，不能把自己有缺點的文化方式强加在東方人的頭上，而應該罪己，擴大視野，向别人學習人家的長處。這樣才可能得到眞正富於建設性的世界文化交流。故此書的副題叫做「東西間交流的對話」（The Dialogue of East and West）。我們必須要跳開現實權力鬭爭的立場，才能够嚮往世界人類的理想。

在李約瑟大著《中國科學文明史》中，似乎有揚道抑儒的傾向。這是因爲從純科學的觀點，過分着重社會人文的儒家，似乎每每不能够注目自然，以至中國大多數的科學追求，不是受到儒家的倡導，而是受到道家的啓發。道家求長生、煉丹的企圖，每每有促進科學研究的功能。李氏在《四海之内》一書之中，雖仍本着一貫的立場，指出儒家思想的限制，但也不吝於從另外的角度，大大的誇讚以儒家思想爲本的中國文化的長處。

相對於西方的二元分裂，中國文化崇尚和諧——取有機自然觀，澈上澈下打成一片，知行合一是這一個文化的最高理想。中國的人文主義缺乏原罪觀念，無需乎超自然的信仰，也可以有獨立的道德。中國人所注重的是律己的責任觀念，並不那麼重視權利的爭取。這樣的想法深入民間。而中國人的法律觀念主張法理不外人情，李約瑟在此大做翻案文章，讚揚中國人處理訴訟的富人情味而批評西方法律傳統之不合情理。從來爲人稱頌的羅馬法只重抽象普遍因素，可以導致極大的不公平。後世西方又專重成文法典，以至狡黠之徒，專走法律漏洞。但中國的法律寧以具體人情爲重，遠比西方的傳統高明。中國人注重庭外的勸慰，這培養成一種寬容精神，所以幾千年的歷史從來沒有大規模的宗教迫害。中國人自是一個驕傲於自己的文化的民族，但這樣的驕傲是建立在德性文化的基礎之上，所以傳統上缺乏武力擴張主張。對比鄰的蕞爾小國，只以接受朝貢爲滿足，並沒有兼併的野心。中國的傳統政治，也多爲人誤解。在今日複雜機械文明情況之下官僚政治（Bureaucracy）的制度是決不可以避免的。此處應由中國兩千年的經驗取得借鏡。中國傳統的官僚政治是以學者文人爲本。考試制度取士，不是憑藉世襲遺傳。專制時代君主並不能夠隨心所欲，暢所欲爲。大臣每每以死相諫。德性理想雖不必然能夠充量實現，但傳統儒家力持民本政治理想。所謂修齊治平，從來不是只顧個人私利。「天下興亡，匹夫有責」，人人都有社會擔負。大家庭制度從小即有禮節的訓練，這樣才能使得廣大的人民得以和平相處，互相忍讓，德範已經內在化於人心。把中國的傳統看作沒有民意的反映是不完全合事實的。在非常時期，人民常常自動自發參與社會建設，但如中心政權徹底腐敗無能之際，則民心自然離散，以至造成朝廷的崩潰。這一個文化在穩定之中不斷求進步，以爲中國歷史幾千年來停滯不進的看法是一個絕對不合史實的錯誤。

李氏並指出，在中國文化之中除儒家傳統之外還有道家傳統足以補救儒家的偏失。在社會方面，道家代表在野的抗議與批評；在藝術方面，道家的崇尚山水自然給與人一種精神上的解脫；而道家對於科學的貢獻李氏固論之已詳，不必多贅。總之李氏以貫穿儒道二家爲一種注重有機自然觀念的現世精神，這是中國文化的精髓。

儒道以外還有佛家。佛家詳盡的心理分析，玄想性的宇宙觀，廣大的慈悲襟懷，也都是李氏所讚佩的。但佛家的中心是出世主義。就李氏的看法來說，對於中國文化並沒有儒道那樣有深厚的影響。

❀ ❀ ❀ ❀

李氏雖對傳統中國文化極盡欽慕之忱，却並不是看不到它的限制。在科學方面，中國停滯在經驗的階段，不能够進到理論的階段。在社會方面，由於經商，無資本主義的形成，只利於某一種科學型態的發展，而不利於更上一層的躍進。這解說了何以中國傳統在科學工藝方面向來領先於西方而在現代却反而落後的原因。在政治方面雖有民本思想，但客觀的民主制度未曾確立，主權畢竟集中於人君之手，無法加以有效的制衡。但所有這一切都只需向前更翻進一步，即可加以改善。李氏根本否定所謂西化之說。中國自有其科學、民本思想傳統，本非外鑠。而現代化是世界趨勢，不是西方可以獨佔。且現代化可以走不同的道路，中國儘可以不必走資本主義的道路。因爲中國向來有社會主義的傳統，故此在今日大陸，一方面是與傳統破裂，另一面也正是傳統的延續。這一個文化儘有其光明的前途。

❀ ❀ ❀ ❀

對西方來說，由於有利的社會條件，現代科學得以在其土壤中發展，這是一件可幸的事實。可是西方不能和世界分享人類共同的成就，却任由帝國主義欺凌弱小民族。這是一種罪惡，必須深自反省。今日的聯合國，只是西方的聯合國，不是眞正的聯合國。李氏提議應該徹底廢除文化間的不平等，世界未來的問題才有解決之道。科學家應該覺醒到他們對社會的責任，以人文統御科學，才能够使人類享受到科學的成果而不致於造成非人性的壞效果。西方過去在科學方面受惠於其他文化良多，今日正是它可以多對世界文化盡力的時候。同時在科學以外，西方還有太多可以向東方學習的地方，始得以超越自己的二元分裂崇尚覇道的文化。李氏並謂要眞正貫徹基督的精神便不能不跳出狹隘的西方主義的精神而要主動去接受東方文化的薰陶浸潤。

由以上所論，我們不能不佩服這一位傑出漢學家的高瞻遠矚，與其理想主義的精神。李氏出身爲一位生物化學家，在注目漢學研究以前，就已經以其科學方面的成就贏得英國皇家學會會員的資格。後來受到一批中國留學生的影響，對中國科學史的研究感受興趣。他希望由這樣的研究可以證明他的「科學造就爲人類文明的公器，以及某種社會條件有利於某種科學成就」的假設。抗戰時期他到中國，有機會與中國學人日夕相處，既佩服他們人格的卓越，又佩服他們學術態度的謹嚴。李氏多次跋涉旅行於窮鄉僻壤，這不但沒有引起分毫的白人優越感，反而使他格外欣賞中國民風的淳厚，並引發了他以科學來改善全人類生活水準的偉願。這實在是一個稀有的高貴的心靈，值得我們敬仰。

在客觀論斷方面，我至少有以下三點和李氏不同意：

（一）李氏以佛家對中國文化無深厚的影響，這是一個錯誤的論斷。誠然出世的印度佛教對中國文化沒有深厚的影響，但李氏忽略了一件事實：中國人不只是吸納印度的佛學，而且有自己創造的佛學，諸如華嚴、天臺、與禪等。這是佛學進入中國以後由於受到儒道的刺激所形成的新的創造與綜合。中國佛學注重悟道以及和諧中道的境界體驗以及當下即是的現世精神。這不只成爲中國文化重要的一環，並且由於文化傳播的影響而決定了日本文化開展的方向。

（二）李氏以中國文化無超自然的信仰與形上的唯心論，並以爲宋明儒學的有機自然論實近乎唯物論。在這方面李氏不免顯出他自己的學養的偏見，並對共產黨對傳統哲學的解釋加以輕信，而未能有足够的批評洞識。中國無西方超自然的信仰與形上的唯心論，信然。但中國又何嘗有西式的唯物論？牟宗三先生嘗劃分實有形上學與境界形上學的分別。中國哲學是屬於境界型態的形上學。卽道家的根本精神也是以境界型態爲本。尤其在宋明儒學，決不能摭拾「氣化」等幾個名詞就斷定其爲唯物論，道家的根本祈嚮是「歸眞返樸」（老）「同乎大通」（莊），宋明儒是「窮理盡性以至於命」。二者固有其科學層面的意義，但中心的體會却不在此。李氏以科學史家的立場看中國哲學史實未能眞正把握到其精髓。此所以其大著科學史中論中國 哲學的一卷是其中最弱的一環。

（三）李氏以當前大陸政權是中國求取現代化的一種努力，其基礎實建築在傳統之上。例如對社會的擔負、重說服等等都是內在於中國傳統文化的因素。只是爲了應付這個時代的非常形勢，而擴展到其極端的形式而已！總之李氏似乎認爲，大陸中國政權的措施實有傳統文化以及中國民衆在當代求自强的心理的基礎。故李氏警告列强，不應以外表崇高的道德原則爲名而對東方現代化的趨勢橫加阻撓，以遂自己要求權力宰制的私願。據理而言，西方只有以善意友誼扶持，才能化乖戾爲祥和，而扭轉世界的危機，走向未來世界大同之路。就我個人的看法，中共何以會在大陸成功，這固是一個複雜的問題，究竟牽涉到怎樣的傳統文化、時代社會、國際形勢的因素，値得專家學者們好好研究。但一個政權在現實上成功並不能因此就把它當作理想正義的象徵。中共的階級鬬爭論與傳統的人道思想之間自有其不可彌縫的裂痕在，無法一筆帶過，魚目混珠，攪爲一談。在理論上，就中國的現代而言，資本主義固非必然之路，但共產主義也非必然之路，不必把現實加以粉飾而理想化。但李氏以亞洲命運應該自決，列强行爲應以善意出之，不能但基於權力政治的考慮行事，則是我所感到深切同意的。

讀李氏之書並不使我覺得意氣飛揚，反而使我感到內心慚愧。李氏身爲西方人却以罪己的心情激烈批評西方而還東方文化以其應得的地位。這樣的態度是不是我們現代東方人所能做得到的？「禮失而求諸野」，今日我們要了解中國文化的遺產對世界文明的意義還要透過西方人的眼來看，這就够我們東方人自慚自警，好好地咀嚼反省了。

（人物與思想第三十三號，一九六九、十二）

三、羅素《中國問題》再版讀後

羅素於不久以前逝世，報端有許多悼念文字，羅素曾於民初訪華，並於一九二二年出版了一本《中國問題》(The Problem of China)。這本書已經絕版了多年，一直到一九六六年才影印再版。羅素本人於一九六五年底寫了一篇小序，玆迻譯如下：

「這本書再版沒有任何改動，雖然它是在一九二二年寫的，而在過去四十三年間幾乎沒有一件事情沒有變動。這書的大部分是時論性質，要改來適合現在的情勢就要全部改寫。所以還是不要去翻新它，才可以保留歷史的眞實，記錄下一些死去的希望與恐懼。我覺得那些不論時事的部分大體而言仍然是正確的。特別可以一提的是傳統中國性格與西方列強的性格之對比。當然，當時的中國與現在的中國有一項巨大的差別。當時的中國主要是受日本的野心的威脅，但日本的野心已隨廣島的原子彈一炸而逝。另外的炸彈現在正威脅着中國，中國人自必須尋求另外的保護的方法。屢遭不幸而收到清洗之效，仰賴自身的勇氣而得到拯救，他們是應得成功的。但願他們成功。羅素。」

重讀《中國問題》，不能不令人百感叢生。羅素當時所描繪的中國是軍閥割據、列強宰制之下的中國。羅素最可貴的，在他能超脫西方人的立場而站在中國以及世界的立場說話。他所最關心的問題不外乎二。就近而言，中國的獨立富强。但這不是終極的目標。因爲一次大戰後的日本達成了這個目標，却學上了西方的帝國主義窮兵黷武，決非世界之福。就遠而言，羅素所希望的是，中國能在世界上强到可以使得列强尊敬，但却繼續發揚光大傳統的道德理想，這樣才能使整個世界向中國的例子學到一些眞正寶貴的教訓，在未來可以創造一個使得人類能够持存而且快樂的文化。羅素所不願意看到的是，中國被列强逼得走頭無路，不是轉向極右走上日本軍國主義的路子，就是轉向極左，走上布爾雪維主義的道路。羅素的預言不幸而言中，他的希望暫時是落了空，他的識見則不能不令人傾服。

如羅素小序中所言，全書大部分是時論性質。羅素以最現實的眼光毫無隱晦地指出列强在中國的權謀與野心。他的結論是，不論外國人的動機是多麽純潔良善，如果讓外國人來掌管中國的事務，則終究不能保障中國的利益。我想這一個結論在今日仍適合於世界上任何弱小的民族國家。但羅素雖看到當時中國分崩離析的情勢，却不因此而悲觀絕望。他對中國下一代的青年抱有極大的希望。借箸代籌，他認爲中國應往三個方向走去：首要是建立一個有理想有效率的政府，其次要加速工業化，然後要普及教育。這三者雖可以同時進行，但後二者之成功却有賴於第一個條件之實現。羅素在當時自也有一些錯誤的判斷。例如他看到當時中國地方勢力的猖狂，乃倡聯邦制度，而忽略了中國兩千年來大一統的局面。其次，他把所有的希望寄托於社會主義。今日我們知道，中國雖絕對不適合於實行資本主義，但社會主義的推行並不能解決所有的問題，同時一個制度會面臨一個制度所產生的特殊的問題。但羅素的現實眼光終極是爲把人類的理想貫注於現實，這樣的識見不是小知小見等可以望其項背的。

羅素當年在中國，誠然看到許多希望，也感到許多恐懼。他很高興看到中國年青的一代熱烈地吸收西方知識，却又不苟同於西方的習氣，這是中國未來的希望。他所恐懼的是反動派的逆流或者全盤西化派的忘失根本。現代中國人應有智慧作最妥善的選擇。抱殘守缺是不行的，盲從西方更不可行，因爲西方人對中國的觀點也是人各異詞。歐洲人一般看到中國古老的文化藝術道德的優美傳統，就往往取保守的眼光，最好什麼都不要變動。美國人則求衞生，現代的經濟發展，無條件的向前進步，就往往把中國傳統看得一文不値。這些都不是正確的眼光。

依羅素的看法，西方文化的基本成素有三：（一）希臘文化，（二）希伯來的宗敎倫理，（三）現代工業。三者均於中國傳統文化的發展無大影響，中國的主流是儒釋道三敎。羅素本人最欣賞的是老子「生而不有，爲而不持，長而不宰」的精神，儒家他不無微詞，但儒家的倫理，依羅素之見，遠超過西方的宗敎倫理，以其合理而不矯情。中國在宗敎方面的寬容也是羅素所最欽慕的。依羅素的判斷，希臘與中國的心靈還比較接近，多少可以有相通處。西方式的宗敎心靈中國人完全沒有，但這是中國之福，而不是禍。中國也沒有現代工業；中國在未來的工業化是不可避免的，但希望中國能够吸收現代的科學知識與工業成就而不陷於其機械主義：即無條件的相信「進步」，「效率」，結果往往只造成無目的的盲動。在細節上，羅素的意見儘有許多可以反對，但在根本上他的識見是健全的。就其不盡處而言，例如中國人根本缺乏希臘的純觀想性的心靈，這是需要我們來吸取的。西方的宗敎也不全如羅素所說的惡，它有好的方面，也有壞的方面。羅素所說西方宗敎壞的方面是不可否認的，但他根本不承認它有好的方面，則是過當之見。羅素對工業化的看法則是十分正確的。工業化現代化對中國言是必要的，但全盤西化不只不可能，也非可欲之道。羅素希望西方的科學方法與中國對生命目標的合理看法能够會合，這樣的希望也是十分健全的。

初訪中國，一個普通西方人會覺得中國落後、野蠻、非文明。但處久以後，有敎養的西方人莫不喜愛中國，而且覺得中國文化在許多方面凌駕西方之上。最使得羅素震驚的，是那些苦力得到一刻閒暇的時間，就能够享受這一刻閒暇的時間。羅素因此判斷，一個普通的中國人遠比一個普通的英國人要快樂。我覺得這也許是相當正確的觀點。在美居住這幾年，我覺得普通的美國人在物質上所得最多，在精神上却最不快樂，所以這才有年青一代在最近的極端反抗。但傳統中國所求的並不是快樂，而是「安身立命」，這才能够得到眞正的快樂。西方的追求是外傾、戡天役物，與世界很少處於一種和諧的關係。中國的弱，不追求外在的征服，依羅素之見，實在是中國的强點，只要中國人願意，中國人可以是世界上最强的國家，但中國人却以其自願而採取一種和平的生活方式。

說了那麼些中國人的優點，羅素也指出中國人在現實上的缺點。一是貪欲（avarice），二是懦怯（cowardice），三是無情（callousness）。前二項不需解釋，就後者言，中國廣大的天災人禍，人們的反應往往無動於中。但羅素覺得這些缺點都不是不可以改善的。中國文化當然也不是沒有本質的限制，此所以羅素才希望中國文化能保留並發揚其最精粹的成分來與西方最精粹的成分相會合。

今日中國在現實上所遭逢的問題自與二十年代羅素所看到的中國問題完全不同。大陸如今已擁有原子彈，爲列强所忌憚。其孤立政策正與軍閥時代的受列强宰制剛好相反。新的危機是在其過分挑釁，以至可能引發大戰，而陷於不可復的地步。其統治的方式是極權而崇尙暴力的。一般老百姓的生活水準壓得很低，這猶可以說，因爲中國的强需要個人的犧牲，而中國廣大的民衆從來沒有享受過很高的生活標準。其最大的罪惡是在摧殘知識分子，壓迫自由思想，不容許學子有竹幕以外的正確知識。這樣的政策在短期內自有效，在長期却造成思想的禁錮空疏。在現實上大陸此一政權或者是必然的一個曲折。今日僑居海外的流亡中國知識分子，在現實權力上可謂一無所有，乃至個人竟無一枝之棲，但却仍有許多人在西方與大陸兩邊的煎逼下懷抱傳統中國文化的道德理想，使之再生，並着眼於未來創造的綜合，決不因眼前的現實而喪失自信與勇氣，是極其難能可貴的。這是當代中國知識分子應有的抱負。

（人物與思想第四〇號，一九七〇、七）

國立中央圖書館出版品預行編目資料

生命情調的抉擇／劉述先著. -- 臺北市：臺灣學生，民81印刷

面；　　公分. --(中國哲學叢刊；8)

ISBN 957-15-0370-3 (精裝). --ISBN 957-15-0371-1 (平裝)

1.哲學-中國-論文,講詞等

120.7　　　　81001372

生命情調的抉擇（全一冊）

著作者：劉述先
出版者：臺灣學生書局
發行人：丁文治
發行所：臺灣學生書局
台北市和平東路一段一九八號
郵政劃撥帳號○○○二四六六八號
電話：三六三四一五六號
FAX：三六三六三三四號
本書局登記證字號：行政院新聞局局版臺業字第一一○○號
印刷所：明國印製有限公司
地址：台北市桂林路242巷57號
電話：三○八八九八二○
香港總經銷：藝文圖書公司
地址：九龍偉業街九十九號連順大厦五字樓及七字樓
電話：七九五九五九五

定價 精裝新臺幣一八○元 平裝新臺幣一二○元

中華民國七十四年八月出版
中華民國八十一年四月出版二刷

19107

ISBN 957-15-0370-3 (精裝)
ISBN 957-15-0371-1 (平裝)

臺灣學生書局出版

中國哲學叢刊

①孔子未王而王論	羅夢册著
②管子析論	謝雲飛著
③中國哲學論集	王邦雄著
④王陽明傳習錄詳註集評	陳榮捷著
⑤江門學記	陳郁夫著
⑥王陽明與禪	陳榮捷著
⑦孔孟荀哲學	蔡仁厚著
⑧生命情調的抉擇	劉述先著
⑨儒道天論發微	傅佩榮著
⑩程明道思想研究	張德麟著
⑪儒家倫理學析論	王開府著
⑫呂氏春秋探微	田鳳台著
⑬莊學蠡測	劉光義著
⑭先秦道家與玄學佛學	方穎嫻著
⑮韓非子難篇研究	張素貞著
⑯商鞅及其學派	鄭良樹著
⑰陽明學漢學研究論集	戴瑞坤著
⑱墨學之省察	陳問梅著
⑲中國哲學史大綱	蔡仁厚著
⑳儒家政治思想與民主自由人權	徐復觀著

㉑道墨新詮　　光　　晟　著
㉒中國心性論　　蒙培元　著
㉓管子思想研究　　徐漢昌　著
㉔譚嗣同變法思想研究　　王　　樾　著
㉕明清之際儒家思想的變遷與發展　　林聰舜　著
㉖張載哲學與關學學派　　陳俊民　著
㉗道教新論　　龔鵬程　著
㉘儒釋道與中國文豪　　王　　煜　著
㉙帛書老子校注析　　黃　　釗　著
㉚中國古代崇祖敬天思想　　王祥齡　著